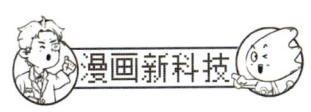

元宇宙那些事儿

主编 王俊卿 胡玺丹
作者 卓京鸿 谢晓敏

上海科技教育出版社

序

欣闻"漫画新科技"丛书之《元宇宙那些事儿》即将出版,应创作团队邀请为书作序,非常高兴。

在过去几十年里,科技以惊人的速度改变着我们的生活方式、工作方式、学习方式甚至是社交方式。而元宇宙,作为科技前沿的一部分,也正以前所未有的方式重新定义我们对现实和虚拟世界的理解。

元宇宙并不是一个突然迸发出的新概念,它最早出现在1992年美国著名科幻作家尼尔·斯蒂芬森的科幻小说《雪崩》中,书中的人物通过公共入口连接,就能以虚拟"化身"进入平行于现实社会的虚拟世界,开启现实世界之外的人生体验,这便是元宇宙概念的开端。近年来,随着相关技术的不断成熟,全球逐渐掀起元宇宙热潮,一时之间,人们对未来数字化生存模式展开了无限畅想。有人认为元宇宙是一场沉浸式的在线交互游戏,漫威宇宙、金庸武侠世界都可算是元宇宙,也有人认为远远不止于此,元宇宙是基于未来互联网的、具有连接感知和共享特征的智能化虚拟空间，带来的是颠覆性的变革。

元宇宙到底是什么？离我们普通人的生活有多远？带着这样的疑问，《元宇宙那些事儿》创作团队围绕元宇宙主题，以图文漫画的形式，运用漫才式的幽默语言，深入浅出、全面系统地将构建元宇宙亟需突破的六大关键前沿技术进行了理性视角下的探讨，并畅想人类社会将如何把这个未来幻想转化成现实。

纵观人类社会的进步，采摘狩猎时代走了百万年，农耕文明时代走了五千年，工业文明时代走了四百年，新的智能文明时代又来临了。社会进化的背后是文化的进化、技术的进化。同时，技术也深刻地影响着教育的进化、知识获取的进化。创作团队希望在如今信息获取高度碎片化、数字化的背景下，本书能带给读者的阅读体验是创新的、独特的、哲思的、进化的。书中的"问题少年"科奇和"行走的百科全书"科博士将始终陪伴读者身边探索元宇宙各个角落，你会看到众多故事化、可视化、情景化的表达，一本正经的知识都变成有趣又有料的科普漫画，无论是区块链技术、人工智能技术，还是物联网技术，所有难懂的知识点，短短几分钟的阅读就能让你在哈哈大笑中轻轻松松搞明白。不以特定知识和技能传授为目标，而是通过深度理解形成共识，这与把每个人培养成创新者的教育目的一脉相承。我想，这大概也是创作团队倾心尽力打造此书的初衷吧。

最后，我郑重向家长和青少年朋友们推荐这本书！我相信，无论你是科技发烧友，还是对新兴概念保持怀疑的思考者，或者只是寻找一种新的理解世界的方式，这本《元宇宙那些事儿》都将为你提供一个独特的视角，让你对"元宇宙"这一可能塑造我们未来的概念有更深的认识和思考，也期待本书在不久的将来能成为一部受人喜爱的畅销书。

全国政协委员
上海科技馆馆长
倪闽景

元宇宙是一个集结了人类高新科技成果的未来空间，两位来自上海科技馆的话痨朋友乘坐"问题号"飞船慕名前往探索。

属性：

智慧脑、问不倒，对万物无所不知。

口头禅：

这个问题问得好！

属性：

脑洞大、爱提问，对万物充满好奇心。

口头禅：

为什么？

元宇宙是什么

"圆"宇宙？难道还有方宇宙、三角宇宙吗？

哈哈哈，其实"元宇宙"的英文对照名是"Metaverse"，其中，"meta"就是超越的意思，"verse"源于universe（宇宙）一词，合起来表示"超越宇宙"，即平行于现实世界的人造三维空间。

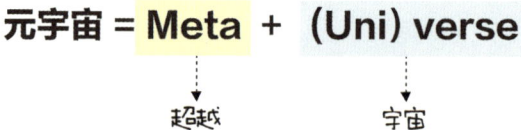

元宇宙 = Meta + (Uni) verse

超越　　　宇宙

1992年,美国科幻小说作家尼尔·斯蒂芬森在作品《雪崩》中描述了"Metaverse"(元宇宙)一词。在书中,人类可以通过"avatar"(数字替身)游走于虚拟世界。

如今,随着科技的发展,元宇宙技术正悄然走进我们的生活。这本书将带你走进元宇宙,了解最前沿的科学技术,读懂未来的世界。

目录

第1章 打开元宇宙之门 /1
走进互联网时代 /2

5G 来了 /25

第2章 元宇宙初体验 /41
听说我在元宇宙中有个"双胞胎"？ /42

虚拟数字人 /57

虚拟与现实如何互通？ /76

沉浸式交互体验 /97

NFT——元宇宙的独特数字资产与交易机制 /116

第 3 章 元宇宙的基础建设 / 127

区块链——元宇宙的基础设施 / 128

云计算——元宇宙的土壤 / 146

第 4 章 智能化运作的元宇宙 / 163

计算智能 / 164

感知智能 / 184

认知智能 / 206

生成式人工智能 / 229

人工智能在元宇宙的应用 / 245

结语 元宇宙的现在与未来 / 251

第 1 章

打开元宇宙之门

走进互联网时代

你有没有想过,当你点开一个网站时,其背后的互联网世界究竟是如何运作的?

这就要从互联网的历史说起了。它从哪里来?又往哪里去?

1 互联网前传

军事推动科技进步。电脑的发明起初是为了计算导弹的弹道,网络的发明则是为了方便作战联络与指挥通信。

我们有了一个大胆的想法!

分布式传输取代中心式传输!

20世纪60年代,为了避免单个指挥中心遭破坏导致全网瘫痪,美国国防部高级研究计划署(ARPA)提出了一个网络建设计划:用分布式传输取代中心式传输。

拉里·罗伯茨(ARPA主管)　罗伯特·泰勒(ARPA主任)

简单来说,就是把所有计算机连接成一张大网,这样一来,即使其中一台计算机下线了,也不会影响整体通信。

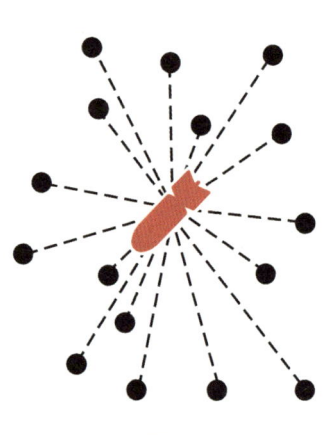

集中式网络
各设备之间的通信强烈依赖中心节点,中心节点出现问题将会影响全局。

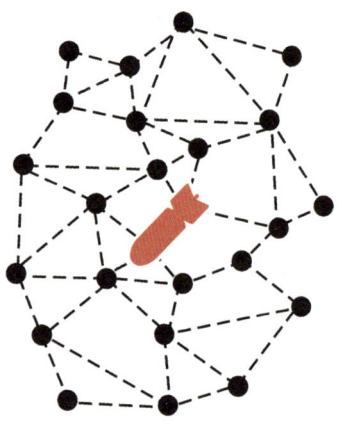

分布式网络(网状网络)
各节点之间呈网状连接,单个节点被破坏不会影响全局。

1969 年,ARPA 进行了世界上第一次互联网通信测试:从加利福尼亚大学发送字符串"LOGIN"到斯坦福大学。

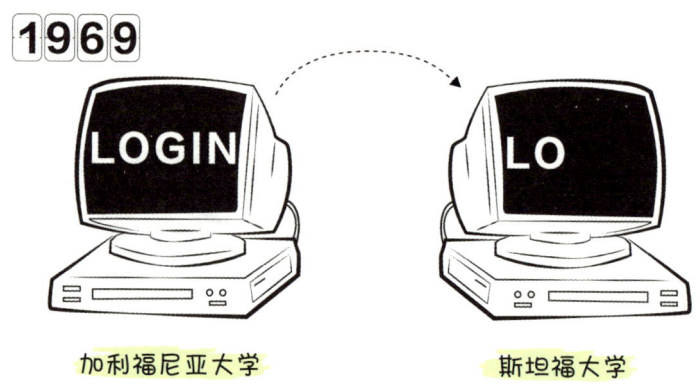

虽然最后只传送了"LO"两个字母，但自此互联网的前身——阿帕网（ARPANET）诞生了。

诞生之初，阿帕网只能连接相同的设备，专业术语叫同构网络环境，这就意味着数据在国与国间无法互相识别传输。

直到 1973 年，美国人罗伯特·卡恩与文顿·瑟夫共同设计了 TCP/IP（传输控制协议/网络协议），约定了各种设备之间的通信方式与标准，这一问题才得到解决。

互联网之父——罗伯特·卡恩（左）与文顿·瑟夫（右）

TCP/IP 协议构成了互联网传输的基本通信语言，但这个时候用户之间只能靠文本信息交流通信。

英国人蒂姆·伯纳斯·李在 TCP/IP 协议的基础上设计了 http 超文本传输协议,是不是很熟悉?它就是你每次键入网址时出现的"http"。

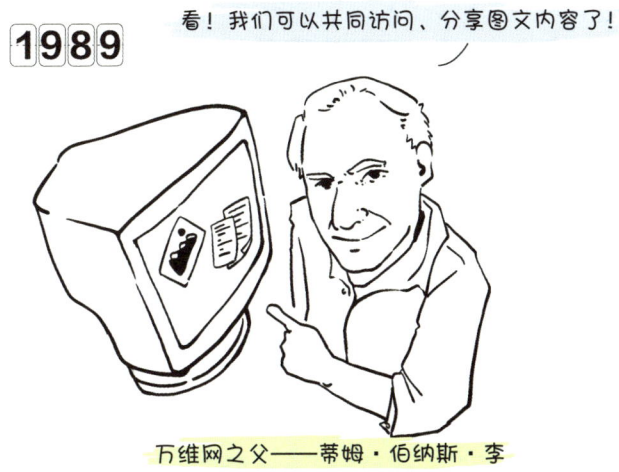

万维网之父——蒂姆·伯纳斯·李

蒂姆把它命名为"Word Wide Web",这就是人人知晓的 WWW——万维网。自此,网页的概念出现了。

值得一提的是,蒂姆并没有为这项伟大发明注册知识产权,而是免费分享给了全人类。

从此,TCP/IP 协议成了互联网传输的基础。全世界的终端连接成了一个庞大的网络,这就是我们熟悉的因特网。

2 Web 进化史

互联网的发展历程大概可以分成三个阶段。

❶ Web 1.0

PC 互联网:"只读"的网络。

浏览网站就像在看电子报纸。
发布什么看什么,没得选。

❷ Web 2.0

移动互联网："可读写"的网络。

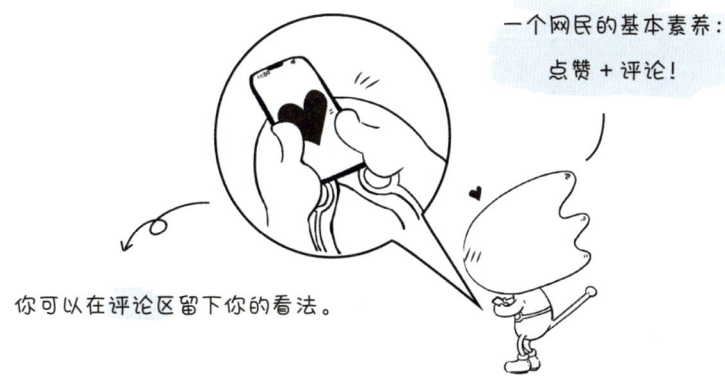

一个网民的基本素养：
点赞 + 评论！

你可以在评论区留下你的看法。

你还记得你的第一个朋友圈是什么吗？

❸ Web 3.0

去中心化:"可读写 + 能拥有"的网络。

人人都可以创办自己的报刊,发布自己的新闻。

它与 Web1.0、Web2.0 最大的区别就在于存储方式。

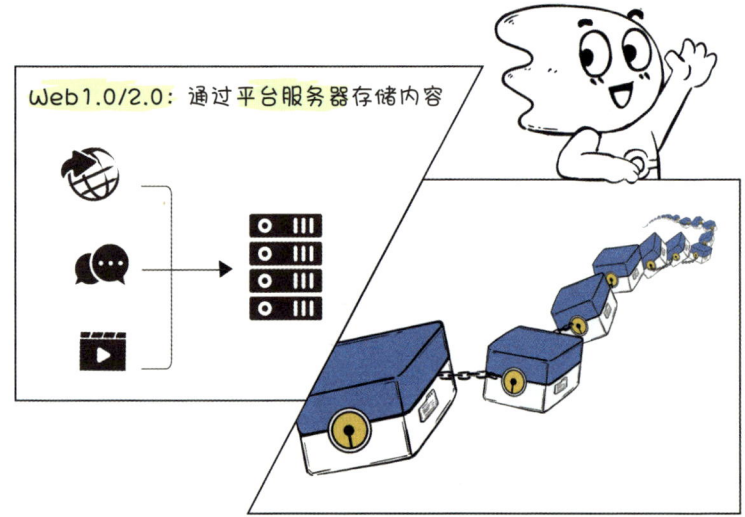

Web1.0/2.0:通过平台服务器存储内容

Web 3.0:或将通过区块链技术存储内容

3 我们为何能上网?

我了解了互联网的前世今生,可是网络究竟是怎么连接起来的呢?

想要连接网络,有两个必要条件。

第一个是"线路"。

在网络出现前,电报、电话和传真这些通信方式靠的是电缆搭建起的线路。

喂?喂?喂?……

1850年，世界上第一条海底电缆穿越英吉利海峡，连接了英、法两国，跨国通信成为现实。

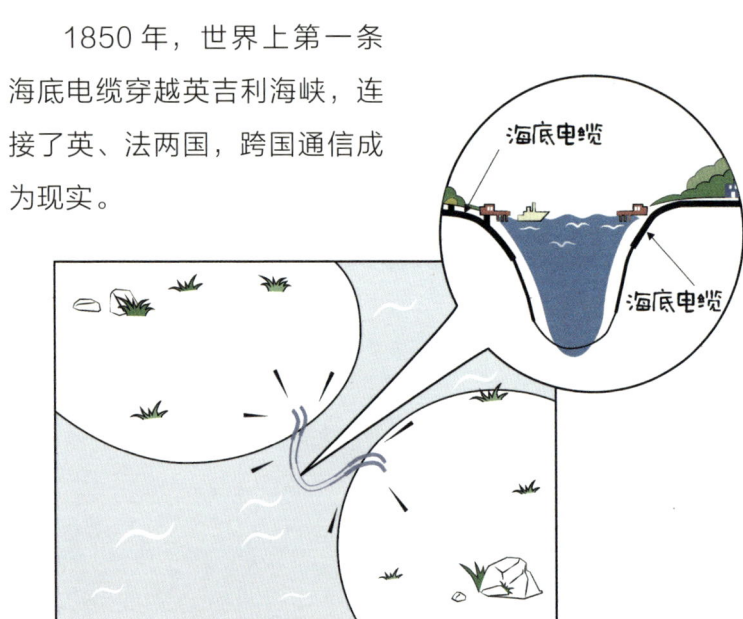

第二个必要条件是"传输"。

线路有了，接下来就是传输了。

工程师们想到可以使用电话的线路进行网络传输。

❶ 拨号上网

最早的拨号上网,首先得向电信局申请账户,然后在电脑中输入账户密码,此外还要输入一个电话号码:163。

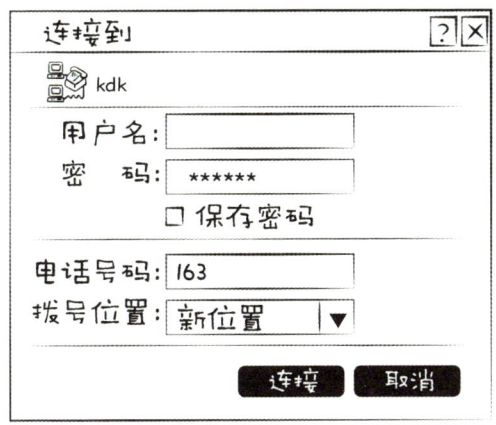

据说,网易公司为了使自己的网址便于记忆,特地以拨号上网所用的电话号码 163 作为自己的网址。

接下来的工作就由信号翻译官——调制解调器(英文名"modem",俗称"猫")来完成。

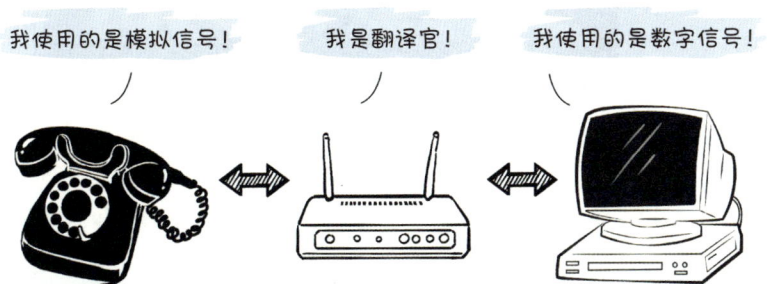

刻在70后、80后记忆里的除了"猫"发出的拨号音，还有电话账单和妈妈的不定期"查房"。

早期的<u>拨号上网</u>，话费每小时几元钱，也算是童年奢侈品了。

虽然话费昂贵，但当时的网速只有 56—128 Kbps，如果你用当时的网速下载一个 100 M 的视频文件，大概需要 1 小时 49 分钟。

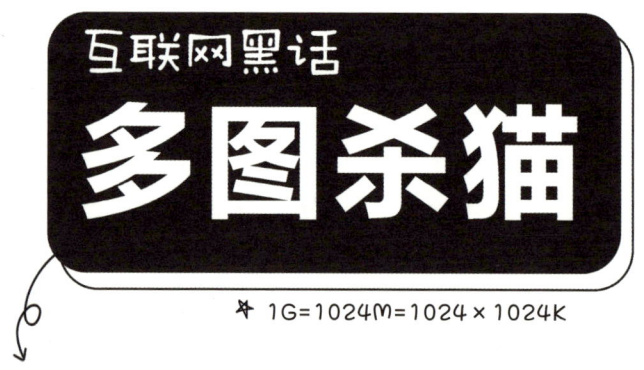

互联网黑话
多图杀猫

✱ 1G=1024M=1024×1024K

上网时因为"猫"的<u>最大带宽</u>过小，当网页图片较多时，需要较长时间载入，甚至会导致浏览器一段时间内停止响应，这种现象被戏称为<u>"多图杀猫"</u>。

❷ ADSL（非对称数字用户线路）宽带

随后，我们迈入了 ADSL 宽带时代。

数据信号和电话音频信号以频分多路复用原理调制，各自频段互不干扰。

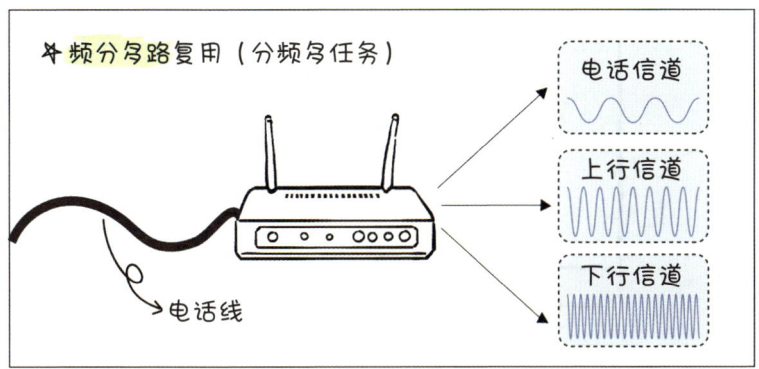

这个阶段上网，再也不用担心被妈妈发现了，网速也提高到 3.5—24 Mbps。我们可以听音乐、看视频，甚至打游戏。

❸ 光纤入户

随着光纤逐渐替代传统的电话线,网速达到了 10 Gbps,视频画质越来越清晰,游戏画面越来越真实。

随时随地来一场大型视频会议!

用来转化模拟信号和数字信号的"猫"也退出了舞台,取而代之的是转化光和数字信号的"光猫"。

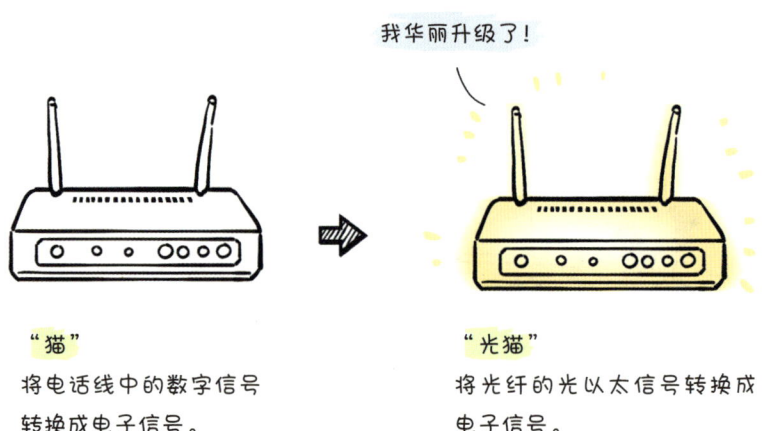

"猫"
将电话线中的数字信号转换成电子信号。

"光猫"
将光纤的光以太信号转换成电子信号。

4 如何发送数据？

就像聊天需要语言，在网络中的计算机之间也需要用语言进行交流，而且它们必须使用相同的语言通信，不然就会出现"送错件"的情况。

这种语言就是网络协议。

网络协议

网络数据通信通常分为 5 个层级，不同的协议用来满足不同的使用层级。我们以打开视频网站为例。

"科奇降谣"是上海科技馆某视频栏目名

❶ 应用层

应用层是与浏览器交互的地方，传输的数据在这一层产生、发出和接收。当我们输入视频网址后，浏览器会生成 http 报文，发出请求。

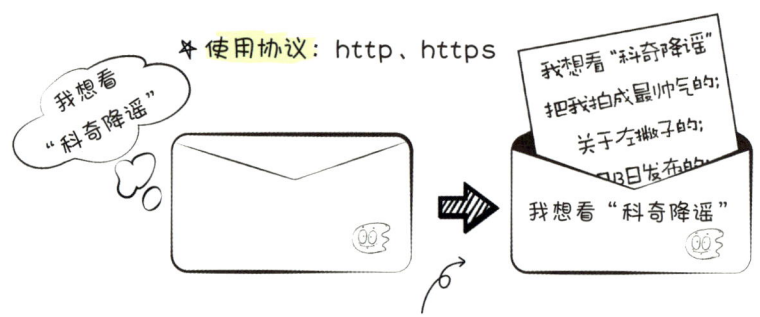

http 报文相当于信的正文，告诉别人我要什么。

❷ 传输层

传输层用来控制传输过程,我们请求的视频如果过大,会在此分割与重组。

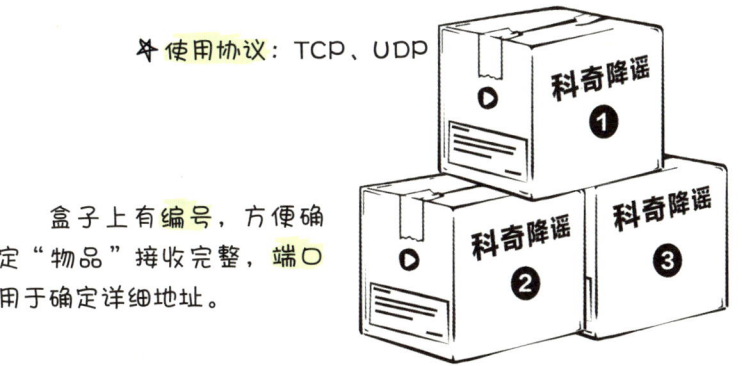

✻ 使用协议:TCP、UDP

盒子上有编号,方便确定"物品"接收完整,端口用于确定详细地址。

❸ 网络层

视频来到了网络层,我们常看到的 IP 地址就在这层。

✻ 使用协议:IP、ICMP、RIP……

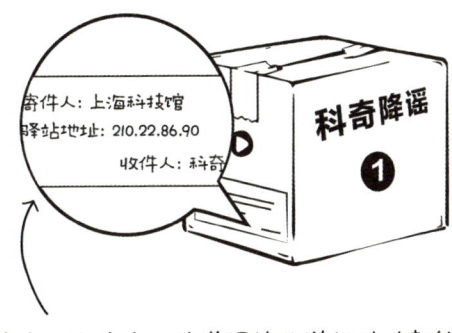

在这层,寄件人、收件人、快递驿站的详细地址都能看到。

❹ 数据链路层

确认完地址,就进入了数据链路层,这时需要把发往同一个地方的包裹(数据)放到同一个快递驿站(数据帧)里。

✈ 使用协议:以太网

❺ 物理层

快递准备好后,我们的包裹(视频)在物理层借助电缆线、光纤、无线电等介质进行传输,然后再次逐层返回到应用层,最终送到对方手上。

5 中国互联网的发展

① 跟随

1987年9月14日,中国发出了第一封电子邮件,这离不开维纳·措恩(德国)的帮助。他还为中国接入国际互联网、注册.CN国家顶级域名和迁移.CN域名服务器回到中国等提供了无私帮助。

1994年,中国正式连入因特网,从此成为第77个拥有全功能互联网的国家,中国人开始了解到互联网的神奇之处。

咳咳,您的QQ好友的头像正在抖动,她刚给您发来新消息。

"熊猫烧香"——2007年肆虐网络的一款电脑病毒。

这句话是2009年的一个网络热梗,可以理解为一种互联网行为艺术、一场贴吧文化狂欢。

❷ 同步

经历了门户网站和移动互联网时代后,大数据时代来了。

❸ 引领

当前，我国已建成全球规模最大的 5G 网络，成为 5G 标准和技术的全球引领者之一。

中小学互联网接入率达到 100%，出口带宽 100M 以上的学校比例达到 99.95%。

5G、物联网、大数据、人工智能等数字技术在工业、农业生产中得到了融合应用。

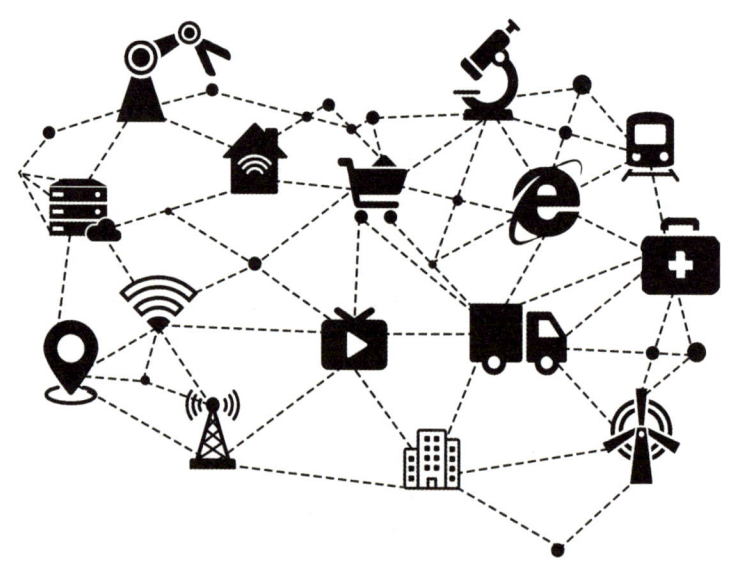

我们的互联网从什么都没有发展到现在什么都有！你对Web3.0有什么期待呢？

5G 来了

据说 6G 将在 2030 年左右推向市场。你知道什么是 6G 吗?

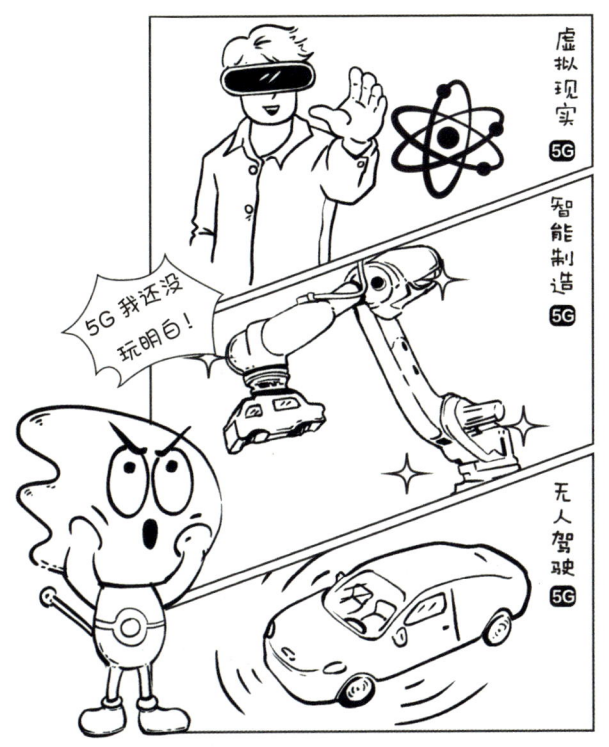

我们可以从移动通信发展史说起。

1 移动通信发展史

简单来说,"移动通信"就是利用电磁波进行通信。

从通信靠吼到万物互联,依赖的是信息传递方式的进步。

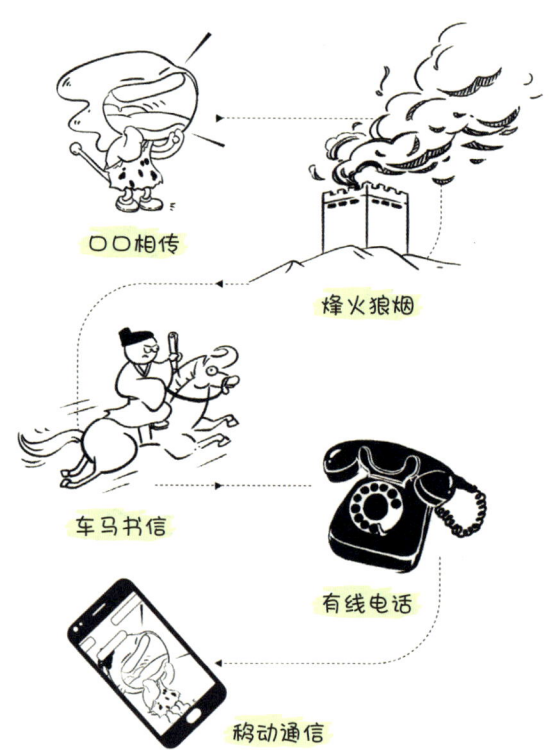

口口相传

烽火狼烟

车马书信

有线电话

移动通信

不同的声音会引起不同的振动，再经空气传播，就产生了声波。

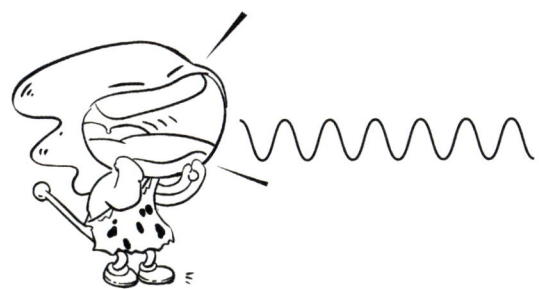

声音信号是如何变成电磁波的呢？这得归功于法拉第发现的电磁感应现象。

1831年，法拉第发现了电磁感应现象。

声音信号经收声设备转化成电流信号，再被调制成电磁信号。

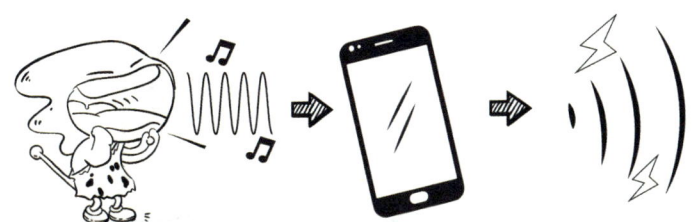

如何利用电磁波将信息传递得更远、更快、更清晰？当然是建立足够多的基站。

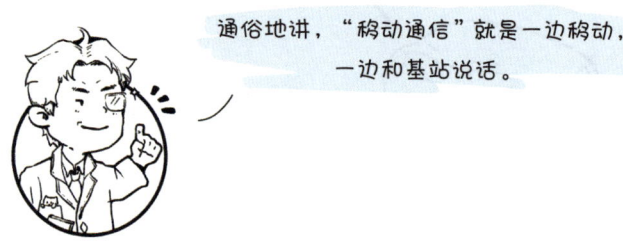

当你使用手机和大洋彼岸的朋友进行视频通话时，手机会向周围发射一种看不见的电磁信号。附近某个通信基站接收到了信号，便会向手机发出应答电磁信号。

在电磁波的帮助下,手机和基站形成了数据连接。

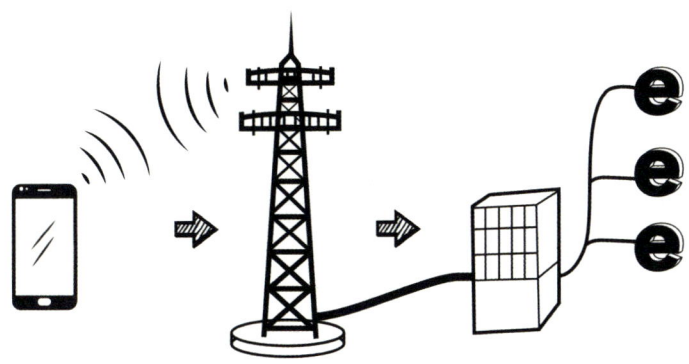

因为通信基站已经通过连接线**联网**,所以你的手机也就连上了**互联网**。

只要手机处在基站信号覆盖范围内,就可以一直上网。

这些基站覆盖的网络就像蜂窝，所以也叫蜂窝网络，它就是现在全世界使用的移动通信技术。

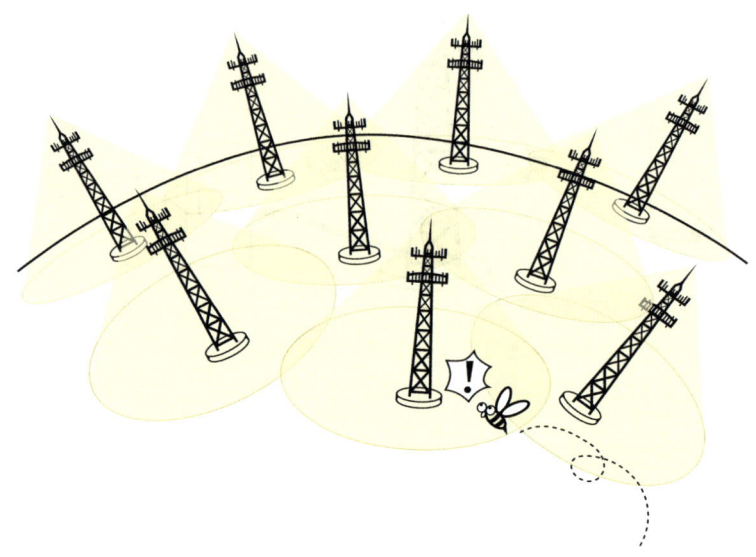

移动通信技术大约每 10 年就会演进一代。

G=Generation

(n. 一代)

懂了！原来 6G 就是第六代移动通信！

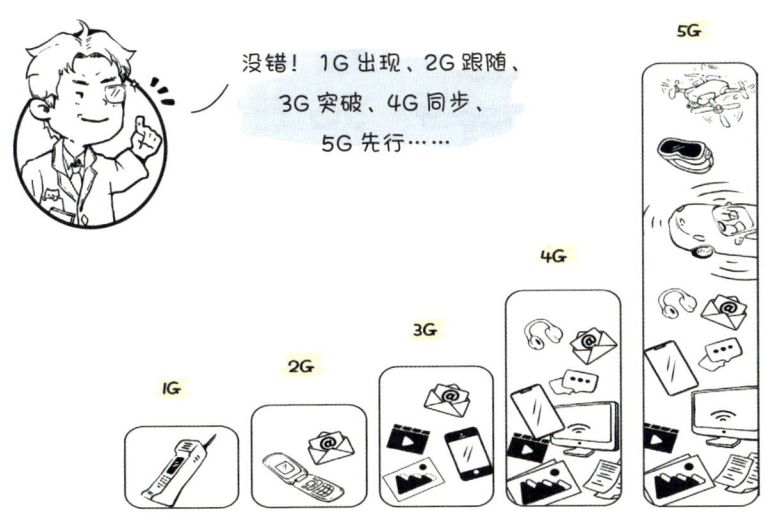

没错!1G出现、2G跟随、3G突破、4G同步、5G先行……

到了6G时代,有望实现"空、天、地一体"的立体网络覆盖。

部署在平流层高空平台以及低轨道卫星上的基站让网络信号"从天而降",有效解决了山区、海域、草原、沙漠等偏远地区的网络覆盖问题。

信号满格!看看"吹风机"!

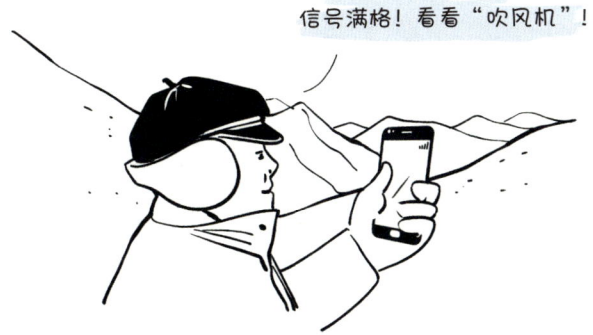

# 2 5G 前传

要说 5G 网络好在哪,其中最主要的应该就是——快!

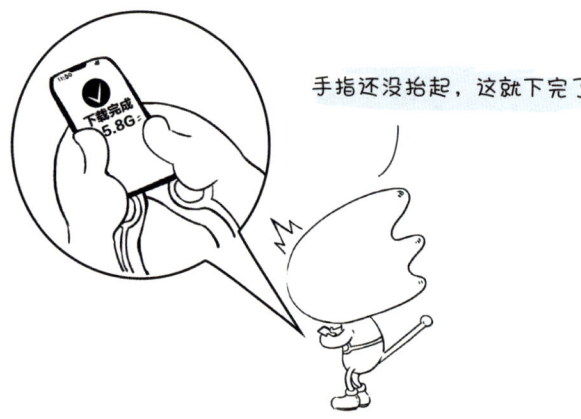

手指还没抬起,这就下完了?!

那么为什么 5G 可以如此快呢?

告诉你一个秘密:你所体验到的"快"并不纯粹是带宽的功劳。

1948年,美国数学家、信息论创始人——克劳德·香农得出一个重要结论:想要网速快,就要提高信道容量!

克劳德·香农——信息论之父

而影响信道容量的除了信道带宽,还有信号与噪声比(SNR)!噪声会导致你接收到的信息和对方发出的信息不一致,就像这样:

如何才能提高信号与噪声比呢?

在沟通时,要想快速让对方理解你的话,我们可以:

方案1:重复几遍　　方案2:提高音量　　方案3:改变说话方式

同样地,对抗信道中的噪声干扰的一个极好办法,就是优化信息编码。

编码前　　　　　　　编码后

2008年，土耳其的埃尔达尔·阿里坎教授公开发表了一篇极化码（Polar code）论文，在信道编码理论领域具有里程碑意义。

2016年，极化码方案被正式确定为5G控制信道标准。

3 5G 时代

说了这么多,快来了解一下5G网络有什么优势。

❶ 海量连接,站点多

5G 时代,微基站几乎随处可见。

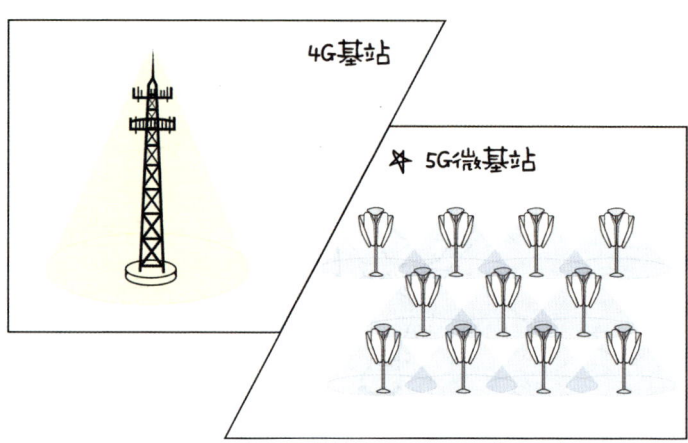

❷ 波束赋形，瞄得准

波束赋形可以知道每一个手机的方向，精准传递信号。

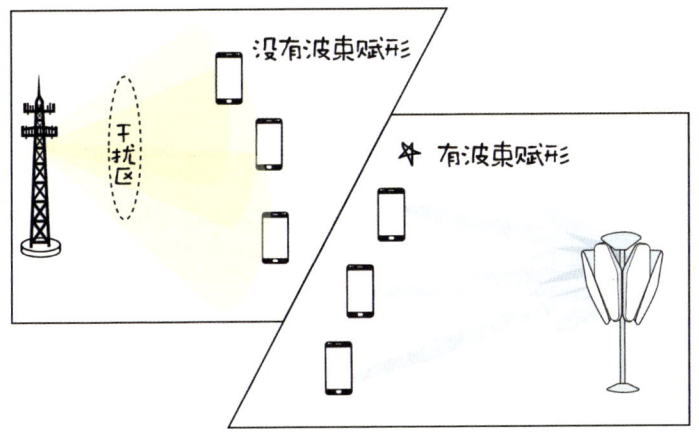

❸ 点对点（D2D）

同一基站下的两个用户直接互联，既节约了资源，又减轻了基站压力。

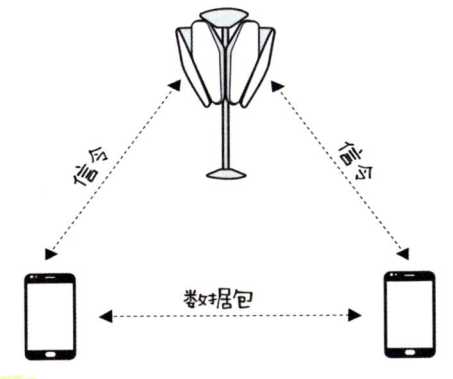

D2D 即 Device to Device（设备到设备）

❹ 道路宽

在毫米波频段上,最大信道带宽可达 400MHz(未来甚至有望超过),比 4G 的道路宽 20 倍。

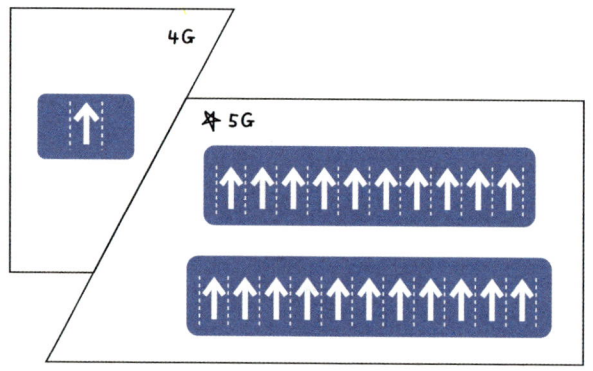

❺ 信号全

5G 信号的正交频分复用技术可以使不同用户相互重叠并同时传输信号。

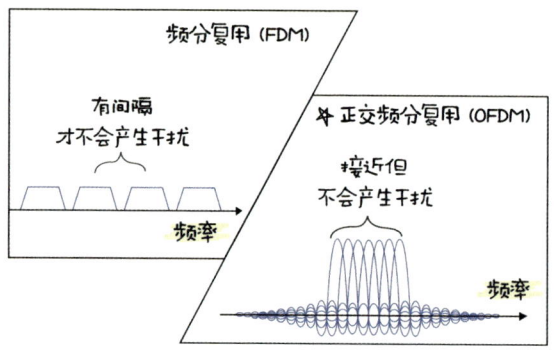

4 通信技术在元宇宙中的应用

5G 仍在逐渐普及,但不可否认它在中国的发展以及它对全球移动产业的影响备受瞩目。

随着元宇宙的逐渐成熟,未来 6G 时代可以做到有信号的地方都能被感知。助力实现真实物理世界与虚拟数字世界的深度融合,构建万物智联、数字孪生的全新世界。

第 2 章

元宇宙初体验

听说我在元宇宙中有个"双胞胎"？

你知道吗？汽车在上市前都必须进行车辆碰撞实验，才能确保汽车的安全性。

每次实验都得用真车测试，这得多浪费啊，有没有什么方法能降低成本？

还真有，一种能把现实世界原封不动地"搬"到数字世界的技术——数字孪生就能大幅降低成本。

1 什么是数字孪生？

说到"孪生"，大家想到的估计是长得一模一样的双胞胎。

数字孪生可以简单地理解为"数字的双胞胎"，也就是说将现实世界通过数字技术和数据模型生成一个 1：1 还原的数字孪生体。

不过，数字孪生体不一定产生于物理实体之后。数字孪生体的生命周期大致可以分为以下三个阶段。

❶ 数字胚胎阶段：生成一个虚拟的物理实体。

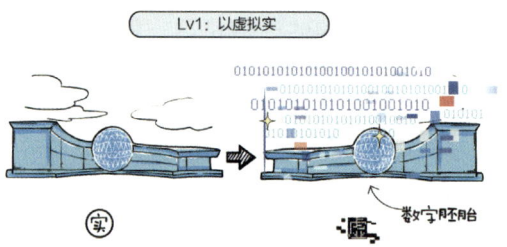

❷ 数字化映射体阶段：大量的真实数据被输入数字胚胎，它可以随着物理实体的变化而变化。

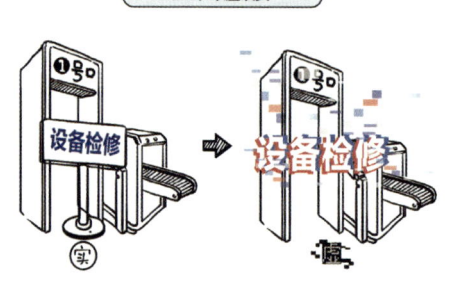

❸ 孪生体智能阶段：借助大数据挖掘和智能算法，可以按照"知识模型—智慧决策—精准执行"的方式精准控制物理实体对象。

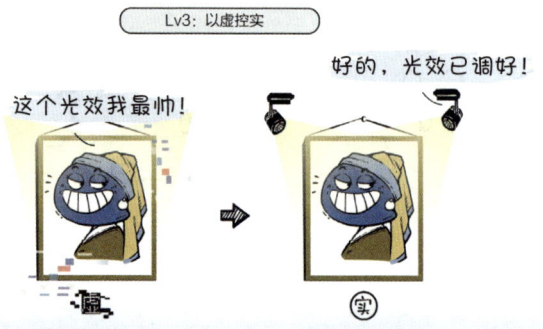

数字孪生有以下 4 个主要特征。

❶ 多学科协作

数字孪生整合人工智能、大数据分析、可视化等多个领域的技术，生成与物理实体"形神类似"的数字孪生体。

❷ 数字表示

数字孪生的基础是数据，通过传感器和数据收集技术，可以将物理实体的各类信息同步集成到数字模型中去。

采集到的数据大致分成 3 类。

❶ 静态数据：短时间内不会变动。

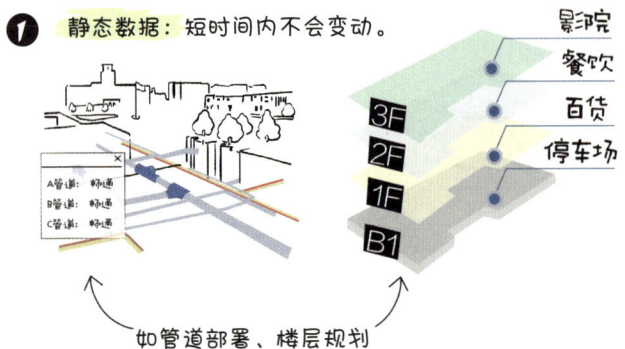

如管道部署、楼层规划

❷ 动态数据：由传感器和摄像头等实时获得。

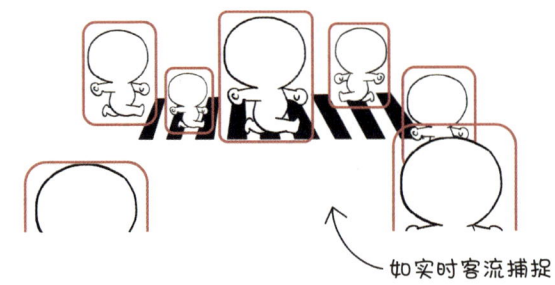

如实时客流捕捉

❸ 各类模型仿真后产生的数据。

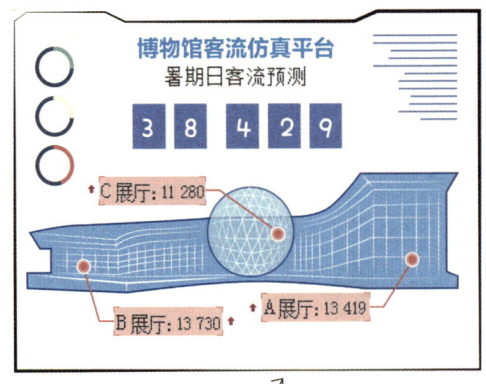

如节假日客流预测

❸ 实时更新

数字世界与物理世界的状态和行为是相互关联的，因此数字孪生体能够及时获得最新情况，帮助处理实际问题。

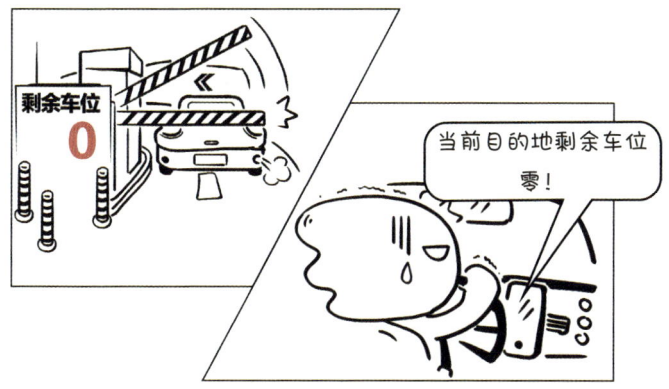

❹ 分析与预测

除了监控物理实体的运行状况，识别潜在问题，数字孪生的核心价值其实是预测与提供解决问题的方案。

数字孪生体具备模拟、诊断、推演预测与分析、自主决策等智能化功能。

❶ 数字孪生可以实时获知烟雾传感器的异常。

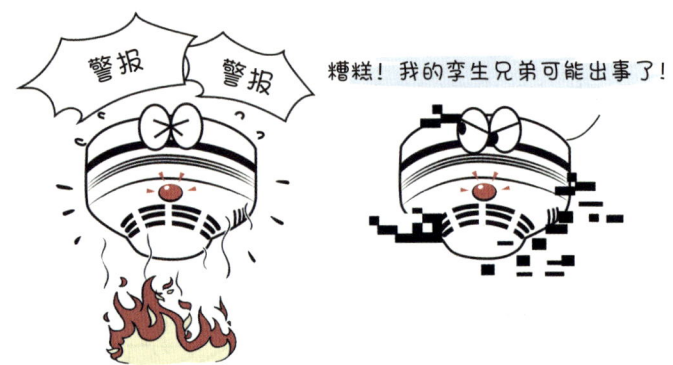

❷ 结合周围烟雾传感器、温度传感器等环境监测设备数据以及人员走动情况等,判断是否发生火灾。

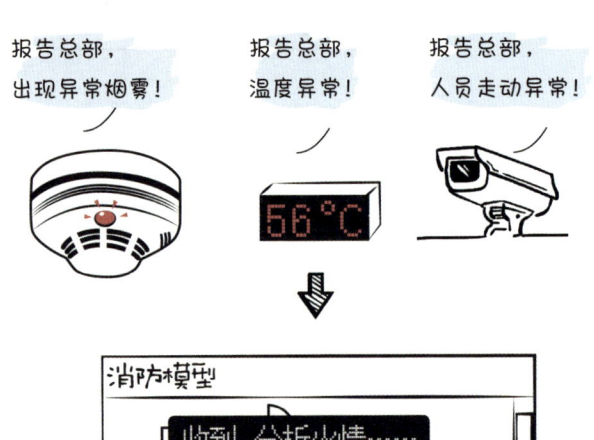

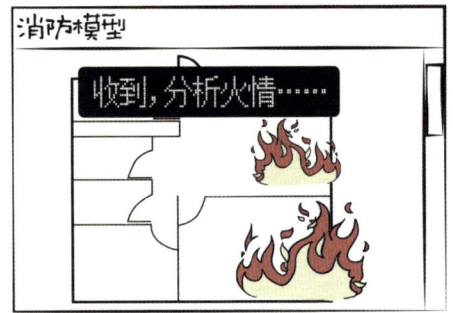

❸ 创建三维模型模拟火灾发生后的火焰蔓延过程，提供优化疏散路径、模拟人员疏散等。

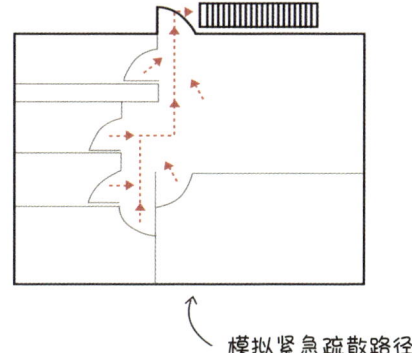

模拟紧急疏散路径

2 数字孪生体与动画、游戏里的模型有哪些区别？

 数据来源不同

数字孪生体的建立需要通过传感器等多种手段获取真实数据；而动画、游戏里的模型则主要由艺术家和设计师手工创建，或通过扫描等方式捕获真实世界里物体的模型。

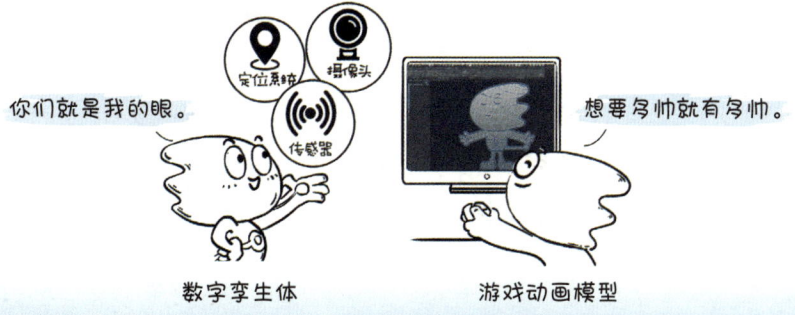

数字孪生体　　　　　游戏动画模型

❷ 精度不同

数字孪生体通常需要高精度建模,以便模拟真实世界的各种物理设备;而动画、游戏里的模型则可能根据虚拟世界来设定,不需要关注现实中的细节。

❸ 用途不同

数字孪生体是真实世界中的数字化模型,主要用于模拟预测等,是虚实联动;而动画、游戏里的模型则主要用于制作虚拟场景、游戏角色等,让用户能够体验虚拟世界。

3 数字孪生的应用

数字孪生已经在制造业、城市建设、医疗、农业管理等众多领域得到广泛的应用。

在智能制造业,数字孪生覆盖了产品研发、制造、测试、维护等各个生命周期。

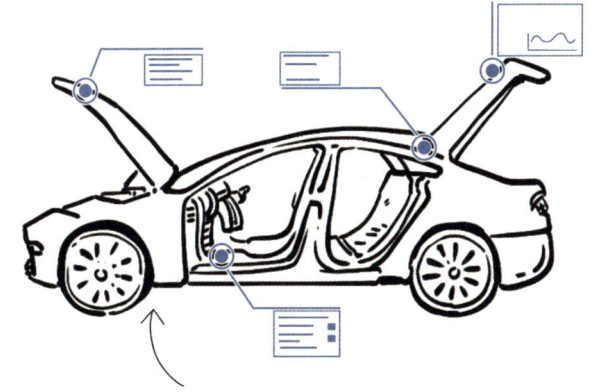

智能汽车有对应的**数字孪生**,可以预测车辆性能、诊断故障,在自动驾驶时还可以智能地对复杂情况进行判断。

在挪威，拥有近 80 年历史的斯塔万布鲁亚大桥（Stavabrua）也应用了==数字孪生技术==对桥梁的整体活动进行监控和预测。

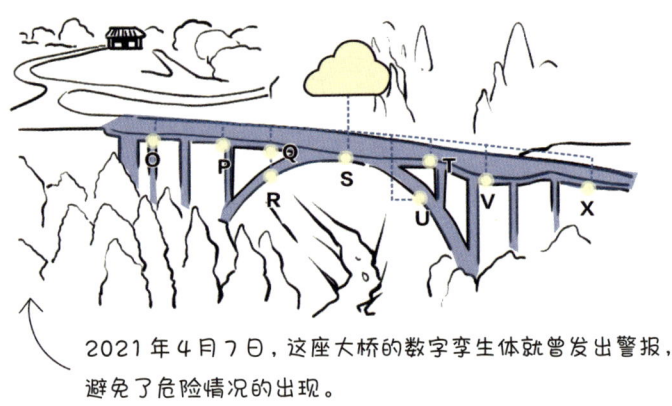

2021 年 4 月 7 日，这座大桥的数字孪生体就曾发出警报，避免了危险情况的出现。

在城市建设方面，利用数字孪生技术可以进行虚拟的城市模拟和规划。在优化土地利用、交通网络和公共设施布局等同时，数字孪生可以提供实时的城市数据监测和分析，帮助城市运行和管理。

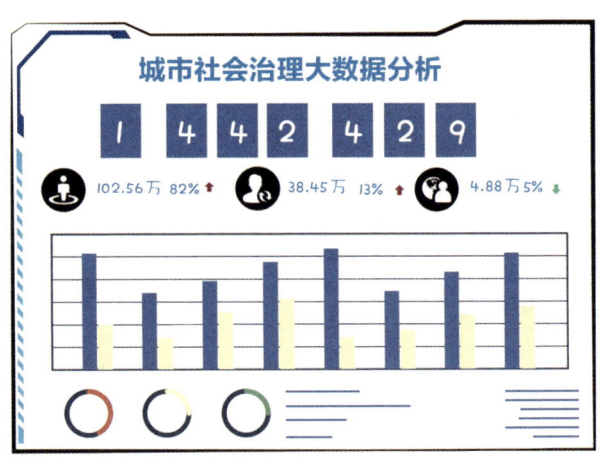

我国的一些智慧园区、国际机场等也都应用了数字孪生技术。管理者可以更加全面地掌握运行态势，及时发现异常，进行维护，实现降本增效。

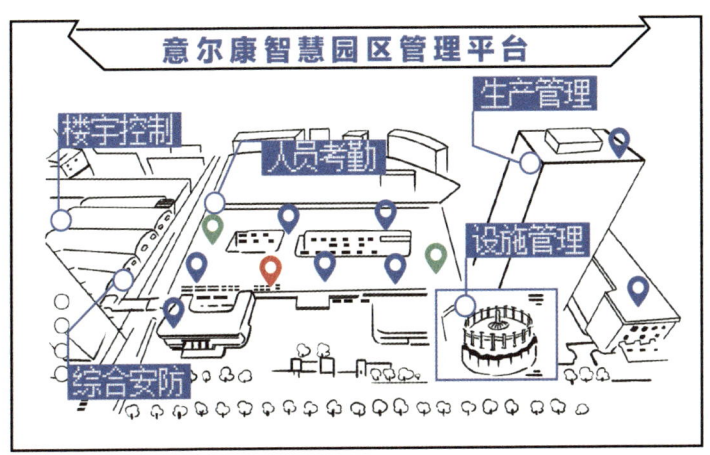

防"摸鱼"神器呀！

4 元宇宙中的"双胞胎"

比起天马行空的畅想,使用数字孪生技术的元宇宙世界将与物理世界更接近,甚至可算是真实世界的复制粘贴版。

数字孪生可以在元宇宙中发挥多种作用,如虚拟建模、个性化虚拟人物创作、智能城市规划等。

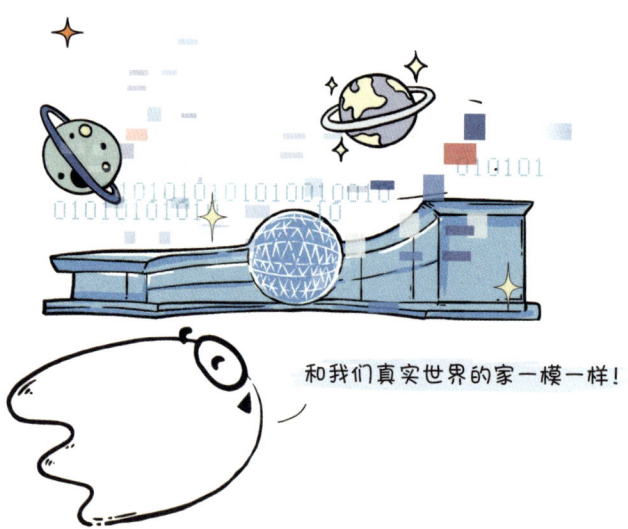

和我们真实世界的家一模一样!

❶ 无障碍社交

数字孪生通过采集用户的生理特征、外貌和行为等数据，再结合人工智能技术，可以创造出与真人相似的个性化虚拟人物。

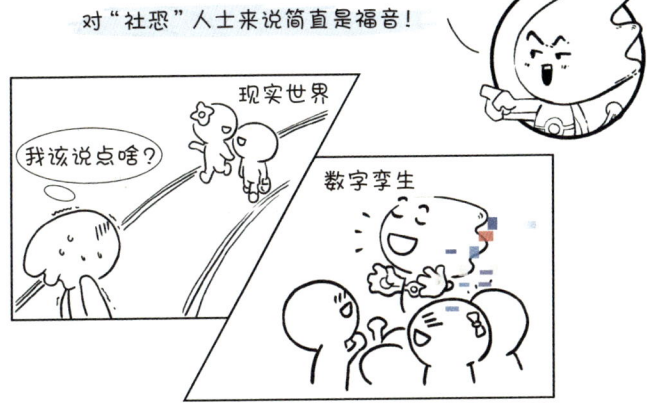

❷ 体验不同职业

元宇宙可以通过数字孪生技术采集各种行业的工作环境、设备设施、技能要点等数据信息，建立完整的工业产业链，生产状况和运行机制一览无余。

我们可以化身虚拟人，体验不同职业，丰富人生经验。

❸ 畅游全世界

通过数字孪生可以再现不同国家的风貌。在元宇宙中,配上 VR 技术和脑机接口技术,我们就可以完成环球旅行,省时省力,关键还省钱!

足不出户逛遍全世界!

❹ 建造我的世界

格局再打开一些,如果你有一个国王梦,你甚至可以在元宇宙中建立一个属于自己的国家或星球,不过,见多识广的数字孪生可能会告诉你,你的设计并不合理,请继续探索……

我是这个王国的主宰!

虚拟数字人

偶像、记者、客服……这些你在网络中看到的人可能并不是真人,而是"虚拟数字人"。

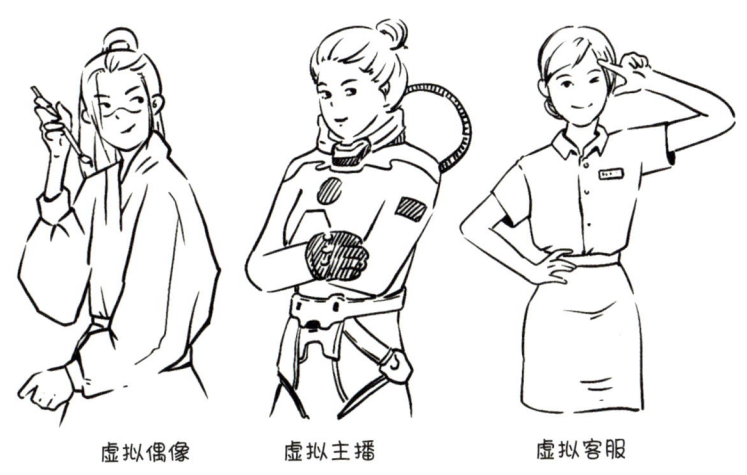

虚拟偶像　　　虚拟主播　　　虚拟客服

他们都是虚拟数字人!

"虚拟数字人"指在虚拟网络中由数字技术创造的具有人类特征的角色。他们依赖于显示设备而存在,拥有人类的外观和行为,甚至可以识别外界环境,与人交流互动。

虚拟数字人主要由五大模块组成。

人物形象 + 语音生成 + 动画生成 + 音视频合成显示 + 交互

这将会是一个考点！

1 虚拟数字人有哪几种？

在五大模块中，交互模块属于扩展项目，数字人因此被分为非交互型数字人和交互型数字人。

非交互型数字人　　　　　　交互型数字人

"非交互型数字人"一般以合成的音视频呈现给用户。

✦ 非交互型数字人系统运作流程

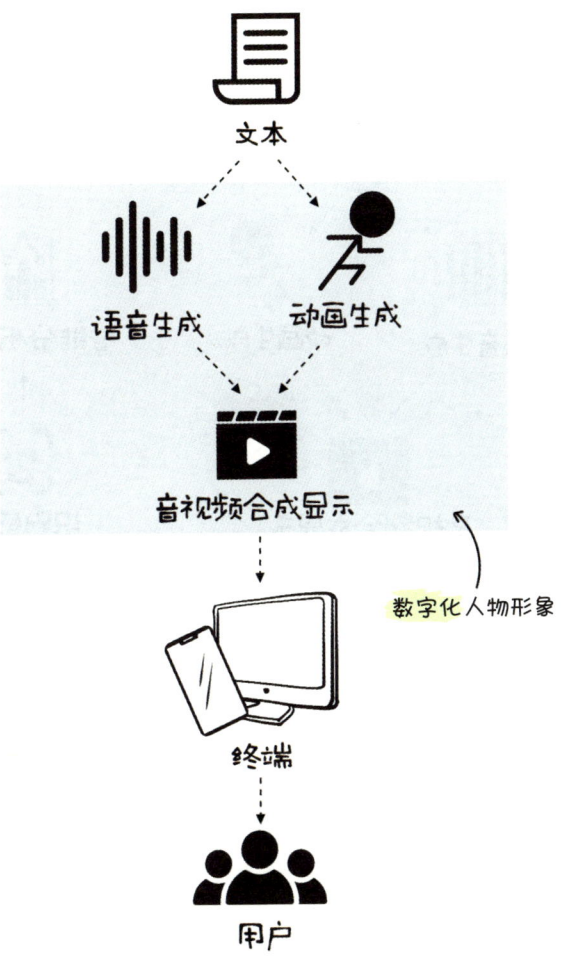

根据驱动方式的不同，交互型数字人还可分为智能驱动型和真人驱动型。

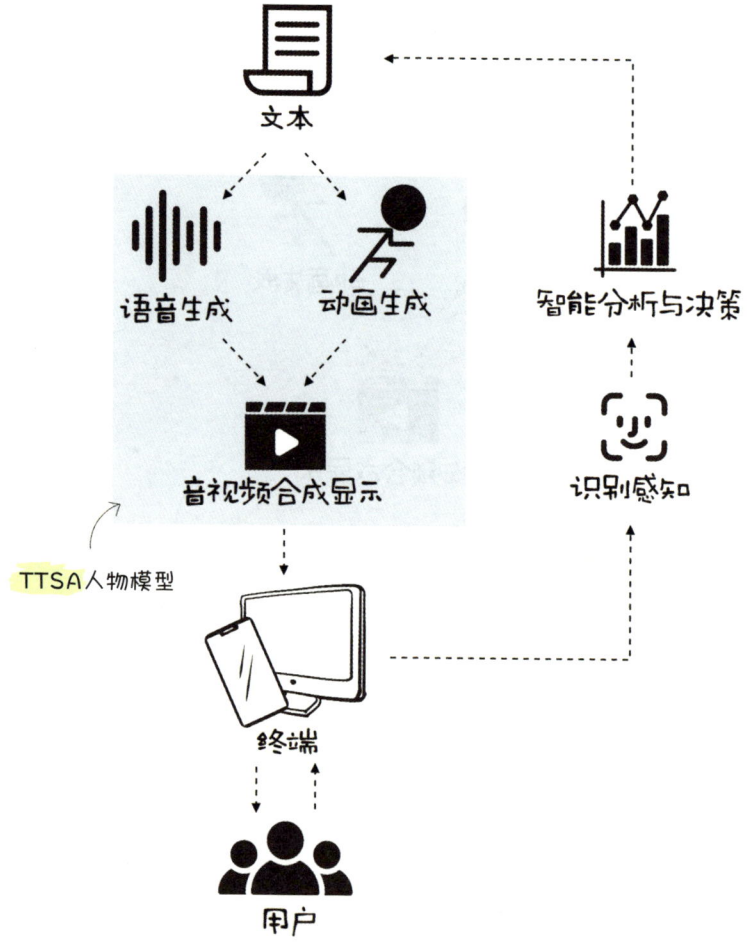

✈ 智能驱动型虚拟数字人运作流程

TTSA指人物模型预先通过AI技术训练得到，可通过文本驱动生成语音和对应动画。

✦ **真人驱动型虚拟数字人运作流程**

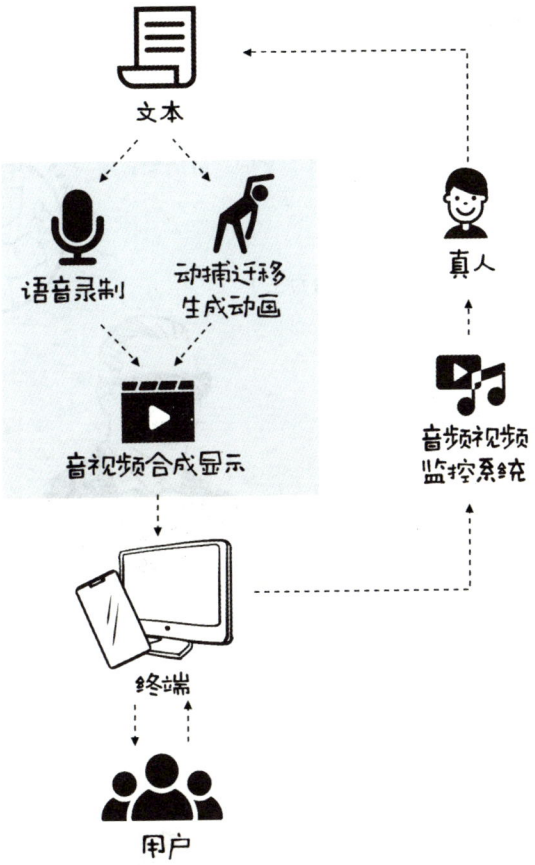

分类竟然这么复杂，看似真人，不是真人！怎么回事？

2 虚拟数字人的发展历程

想要了解虚拟数字人,我们先来了解一下它的发展历史。

❶ 萌芽期:

(此时的技术以2D手绘为主)

1982年
世界上第一位虚拟歌姬林明美诞生。

1984年
世界首位虚拟电影演员马克斯·海德卢姆诞生。

❷ 探索期:

(21世纪初,计算机技术取代传统手绘)

2001年
《指环王》中的角色咕噜由CG和动作捕捉技术完成。

2010年
初音未来成为第一位使用全息投影技术举办演唱会的虚拟偶像。

❸ 初级阶段：
（近五年，得益于深度学习算法的突破，虚拟数字人的发展开始步入正轨）

2021年
虚拟偶像柳夜熙把电影质感的画面搬到了手机上。

2021年
全球第一位数字航天员、新华社数字记者小诤正式亮相。

2022年
苏小妹成为某银行的虚拟员工。

哇！好神奇！
他们是如何被创造出来的呀？

3 虚拟数字人是怎么被创造出来的？

想要创建一个3D虚拟数字人，我们需要解决两个问题："建模"和"驱动"。

建模赋予数字人形象，驱动赋予数字人灵魂，使他/她能跑会跳，还能交流。

看！我会动啦！

❶ 传统数字人的创建

在AI算法出现之前，我们使用的是传统数字人的创建方法。

建模阶段，最常见的方式是 CG 建模和扫描建模。

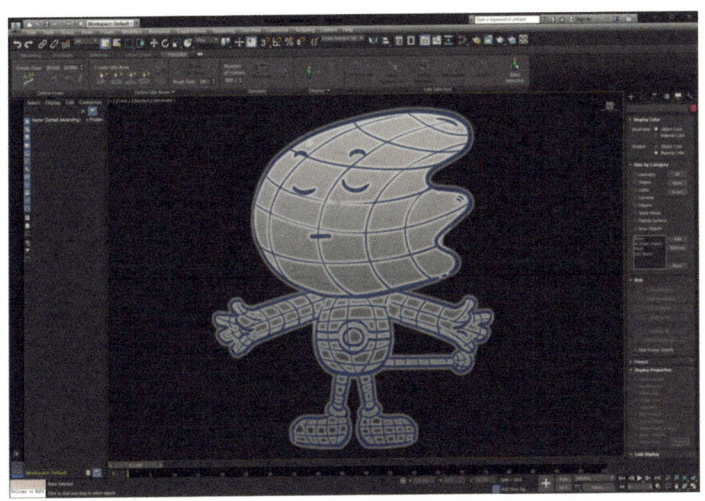

CG 建模指的是用三维软件手动建模，比较常用的软件有 3DS MAX、Maya 等。

CG 建模的优势在于可以控制模型的各个细节。

请把我的数字人建得更加帅气！

与之相对应的扫描建模则效率更高。

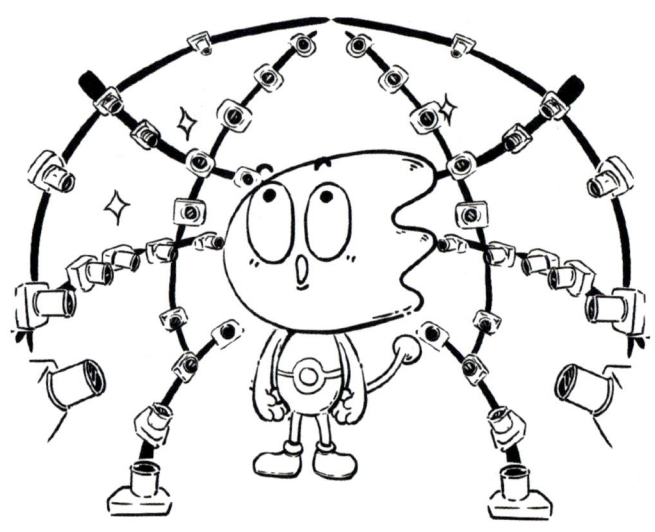

只需要很短的时间,通过上百台相机的数据采集,就可以获得需要的三维虚拟形象。

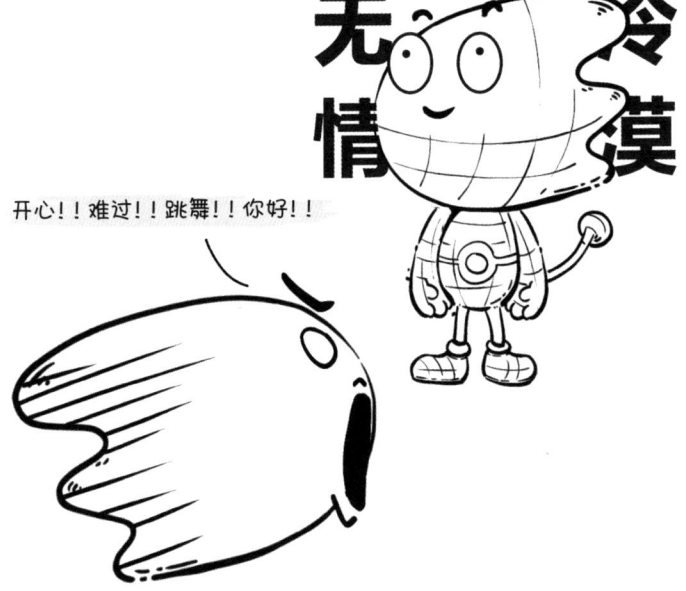

真人驱动可以使虚拟数字人拥有人类的表情和动作。

真人驱动？！难道让我钻进电脑给他/她炫一个？！

你想多了，是使用设备捕捉真人动态，并将数据信息提供给数字人，使他/她做出相应的肢体动作和表情。

"光学动捕"和"惯性动捕"是两种技术成熟的传统动作捕捉方式。它们的捕捉形式类似，都是通过穿戴特殊设备来获取数据。

以"光学动捕"为例,首先让模特站在布置好光学镜头的场地上,然后在模特的关键部位贴上反光标识。

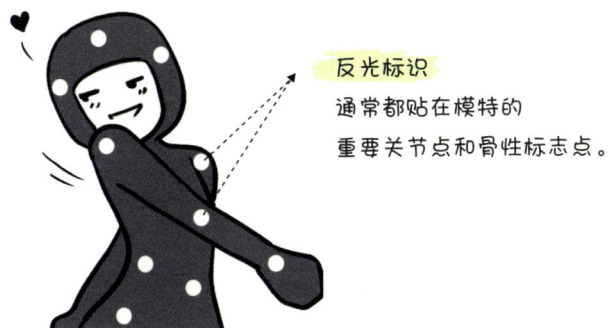

通过镜头对反光标识点进行定位捕捉,从而获取模特身上的精确坐标数据。

接着,在得到模特的点位置数据后,通过软件处理还原真人骨骼数据。

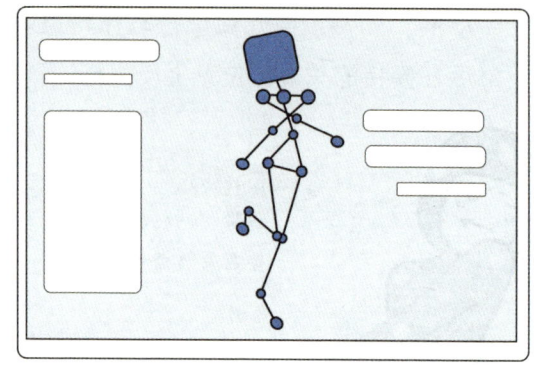

由模特身上的点勾勒出轮廓,以此来确定人体的躯干。

是不是过于骨感了?

最后,将骨骼数据导入第三方软件中,就完成了真人与虚拟数字人模型的关联。

当模特开始运动时,就能驱动虚拟数字人运动了。

传统的虚拟数字人语音一般是通过播放预录制的语音或现场配音来完成。

制作一个数字人好复杂,我们在电影大片里看到的各种科幻角色也是这样创造出来的吗?

没错,不过近年来 AI 算法迅猛发展,AI 建模和驱动大大降低了创造虚拟数字人的难度!

❷ AI 数字人的创建

只需要提供一张高清人物照片,AI 算法便可以实现 3D 角色建模。

建模过程就像我们小时候捏橡皮泥，AI 算法控制球形不断改变，直到塑造成我们想要的形象。

靠 AI 算法驱动数字人的动作更加简单便捷。无须装备穿戴设备，只要通过一部手机或电脑摄像头对人体进行识别定位，就可以实时互动。

还可以利用信息时代的海量数据，构建动作语音的知识库。通过 AI 算法不断训练数字人人际交流的能力，就像给其注入了人类的灵魂。

或许在未来，虚拟数字人将彻底脱离人工，实现自动生产。

他／她们自动获取并处理外界信息，与用户无障碍沟通交流，成为人类真正的朋友和助手。

4 虚拟数字人有哪些应用?

随着 5G、人工智能等新技术的发展,虚拟数字人技术已经渗透到我们生活的方方面面。

能唱能跳　　　"全时空在场"　　24 小时为客户
全能偶像　　　全天报道　　　　提供定制服务

在未来,作为人类在元宇宙中的化身,虚拟数字人也会向着更多元的方向发展,成为元宇宙世界的重要建设者!

虚拟与现实如何互通？

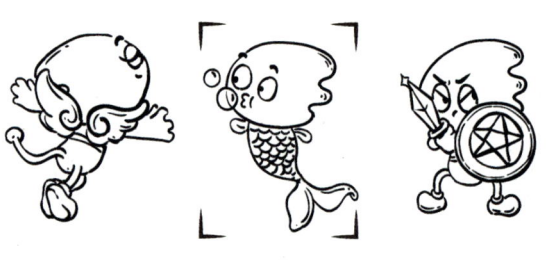

欢迎来到元宇宙,请选择您的身份,实现梦想。

太酷了!现在就想试试!

想要在元宇宙实现这些互动,我们的人机交互技术还需要提升。

1 手柄交互

在主机时代,最基础的人机交互工具,当然非手柄莫属。用户想传达什么意图,只要通过操作手柄,设备就能接收到。

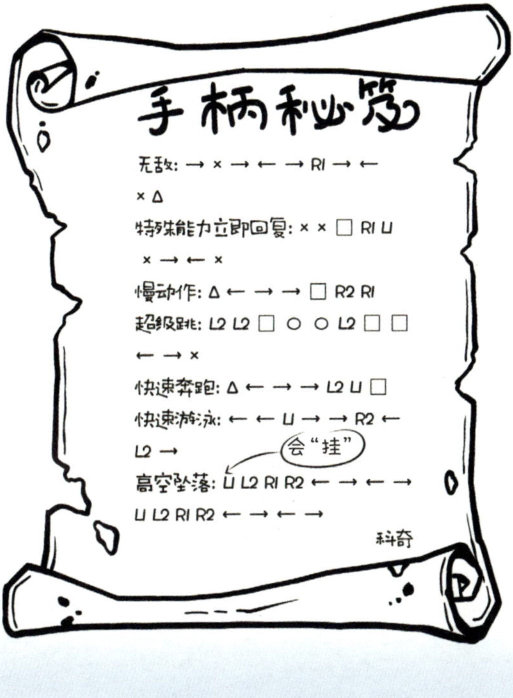

手柄怎么能感知到我们的意图呢?

这就要从手柄的构造说起了。手柄大致由外部的按键、摇杆和内部电路板构成。

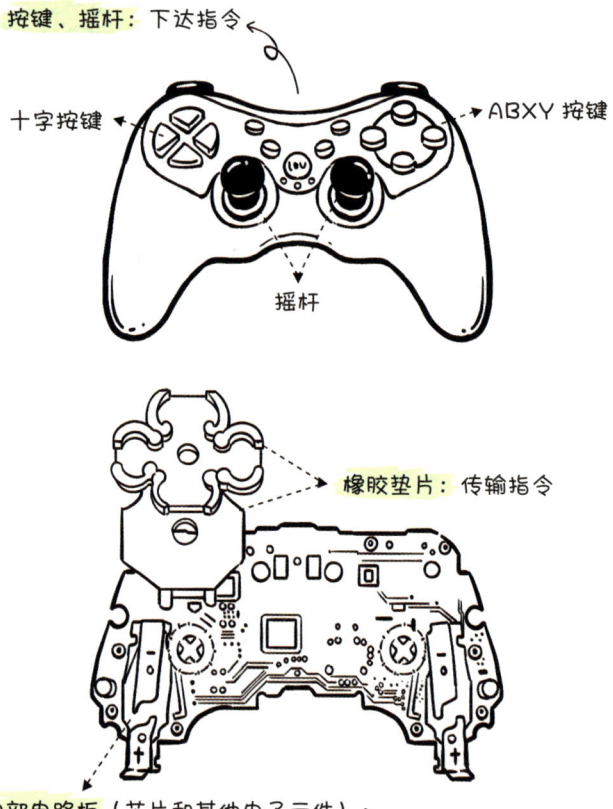

按键、摇杆:下达指令

十字按键

ABXY 按键

摇杆

橡胶垫片:传输指令

内部电路板(芯片和其他电子元件):
手柄的"中枢神经",转换指令信号和处理数据。

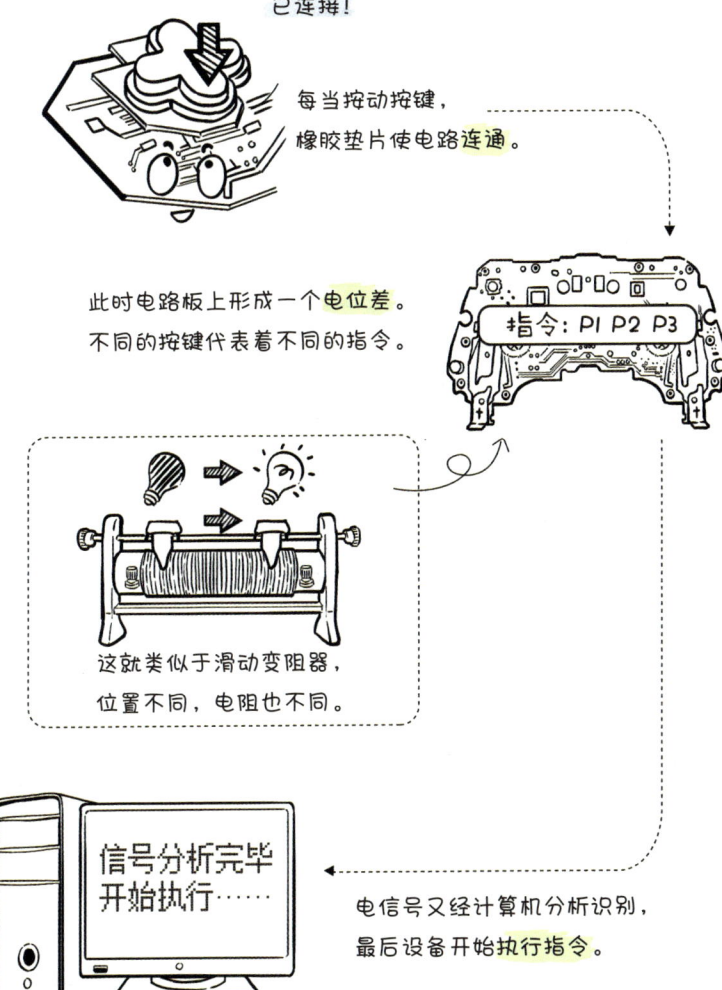

当你按下方向键后，人物就会像"提线木偶"一样，向指定的方向移动。

按键 → 橡胶垫片 → 电路板 → 计算机 → 游戏人物

手柄交互简单便捷，不需要复杂的后期处理以及硬件设施。

但是手柄交互会影响用户的沉浸式体验。

随着VR、肢体语义等技术的兴起,传统的手柄交互可能会面临巨大的挑战。

2 VR 设备交互

虚拟现实（VR）是与元宇宙交互的重要入口，能够从视觉以及听觉上给用户带来更真实的体验。

早期的 VR 设备通过连接杆与头戴设备相连，能将简单线框图转换为具有 3D 效果的图像。

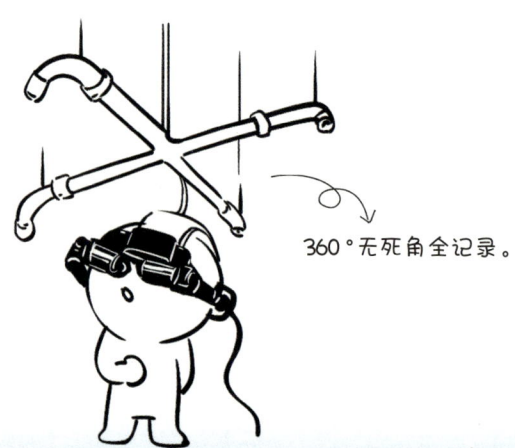

360°无死角全记录。

VR设备怎么产生3D效果的图像呢？我们来做个小实验，当你把手放到眼前，分别闭上左、右眼去看手，两只眼睛看到的图像是不是有微小的差别？

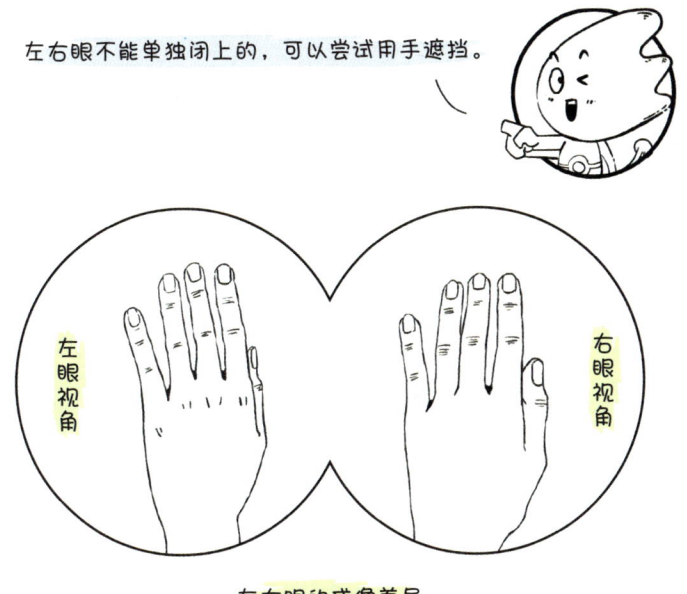

左右眼的成像差异

这些视觉差异经过大脑的处理后形成立体纵深感，这就是人眼的立体视觉机制。

VR 眼镜基于这一机制,以左右眼看到的图像差异来营造虚拟的立体感,进而让大脑形成虚假的距离判断,产生三维立体感。

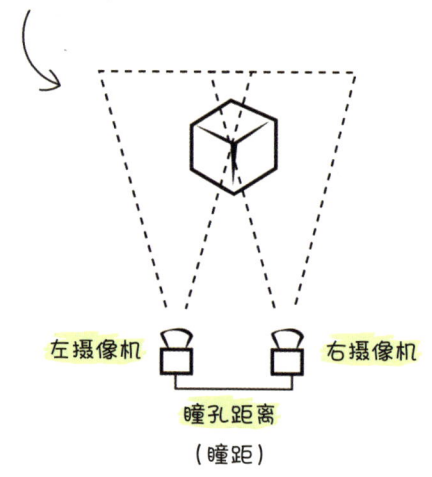

如何生成 3D 立体视觉。

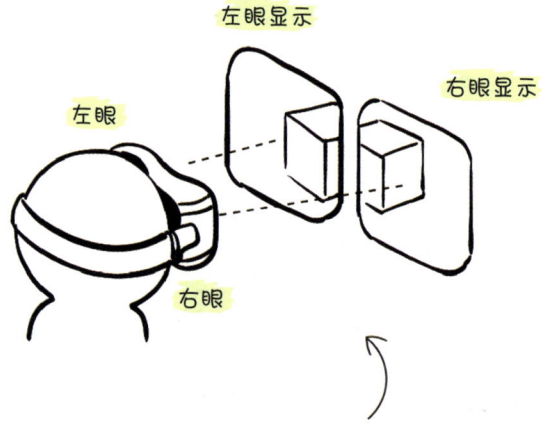

佩戴 VR 眼镜后,奇、偶帧的图像信号分别传输到了不同的显示器上,用户的左右眼会看到不同帧的图像,从而产生立体感。

随着 AR/MR 技术的飞速发展，如今的 AR 设备不仅能够在视觉上给人以真实的场景，还能在听觉上做到空间感应。

比如在虚拟世界里，用户能感受到从不同的方向传来的声响，就像置身于现场一样。

3 肢体交互

随着技术的进步，无需手柄就能互动的肢体交互成了主要发展方向。

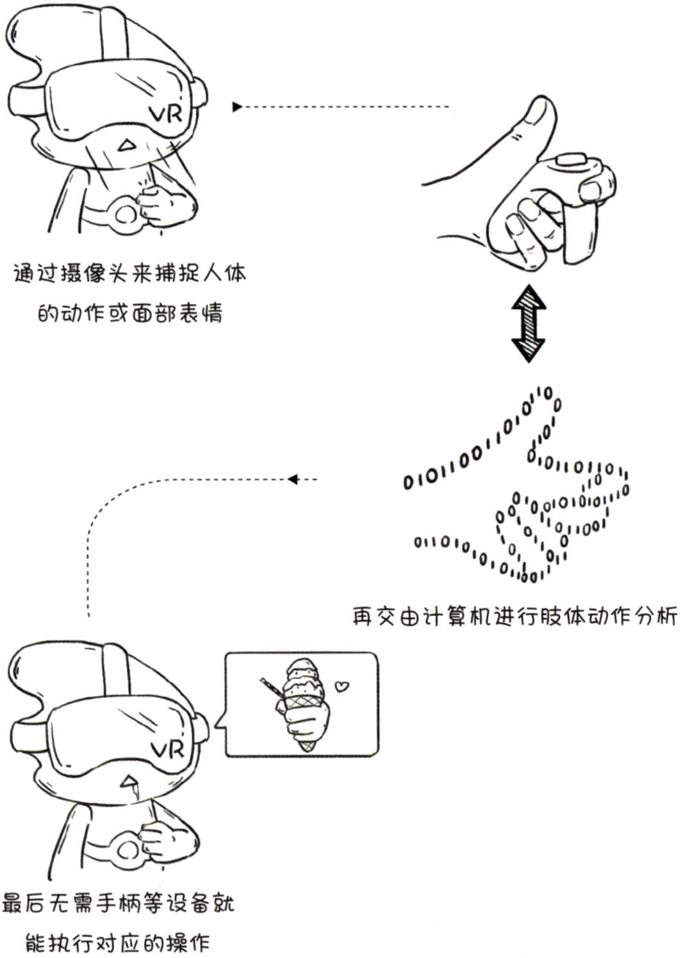

通过摄像头来捕捉人体的动作或面部表情

再交由计算机进行肢体动作分析

最后无需手柄等设备就能执行对应的操作

这类 VR 设备一般通过摄像头来捕捉用户的肢体动作，接着在虚拟世界里生成对应的肢体器官，用户如何操作，虚拟世界就会如何联动。

这项技术的关键就是要让计算机读懂图片中的肢体状态。

在接收到摄像头捕捉的图片后,计算机会将人体结构划分为 33 个特征点以便分析肢体动作。

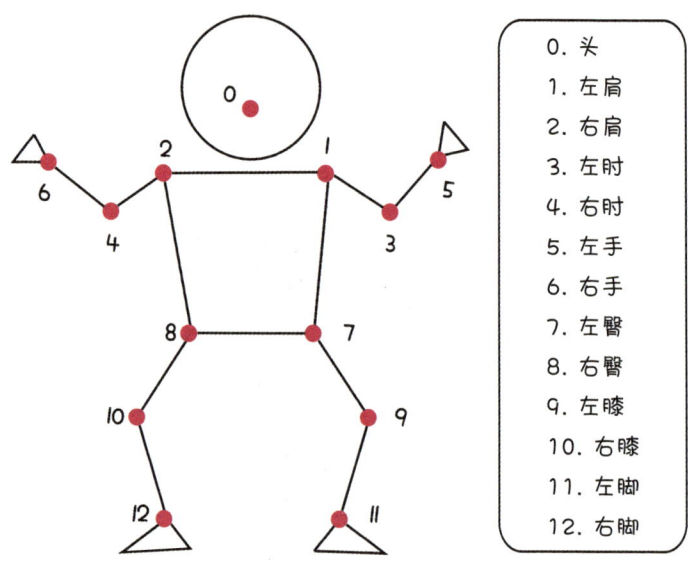

肢体动作识别分为静态动作识别和动态动作识别两种，目前静态识别应用不多。

静态识别

动态识别（即动作捕捉技术）较为常见。它通过深度摄像头与传感器获得的信息，快速重构出人体骨骼，并进行实时跟踪。

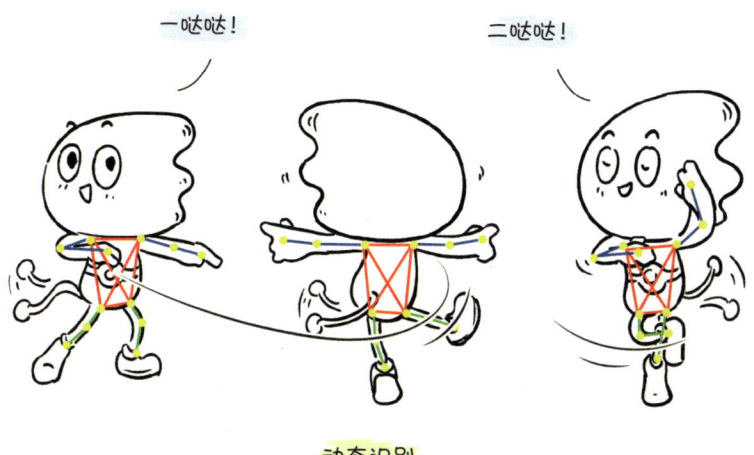

动态识别

目前，一些 VR 产品已经能做到面部表情的追踪。

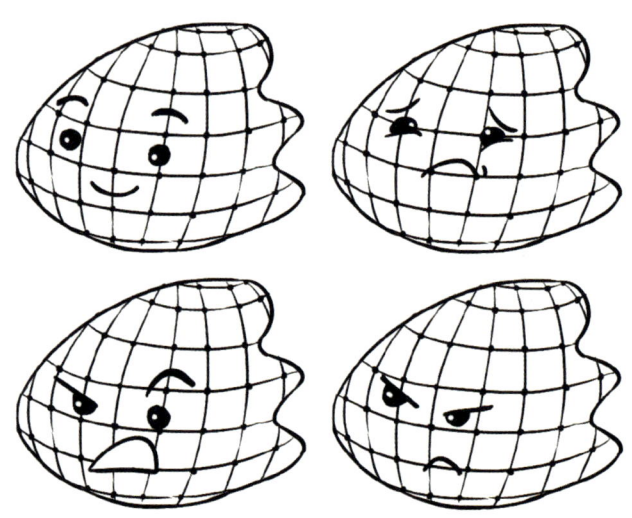

如果你想在虚拟世界体验真实的运动体感，只需要配备全身触感装备和跑步机就可以实现。

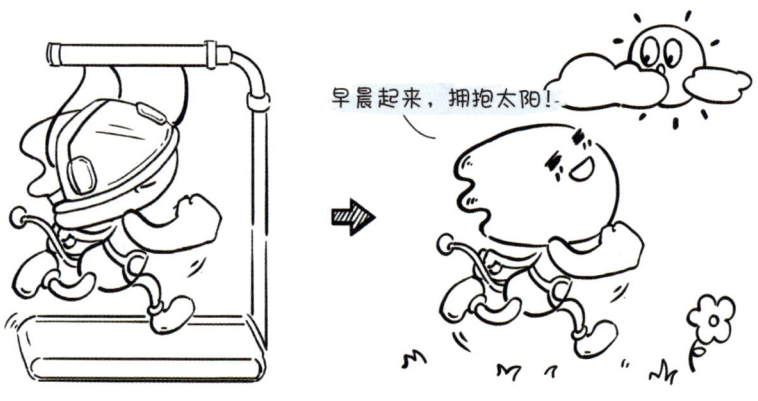

还有一些设备可以通过超声波电离技术喷出水雾,让体验者感受到雨水的冲击;用微型加热器制造炎热的感觉;用微型冷吹器吹出冷风,让人瑟瑟发抖。

目前这些技术都还处在研发阶段,合理细腻的体感、触感是未来将要攻克的技术难题。

4 脑机交互

在设想里,元宇宙发展到高级阶段以后,届时不再需要肢体交互,设备能够直接读取人类大脑的想法,这便是脑机交互,与之关联的是脑机接口技术。

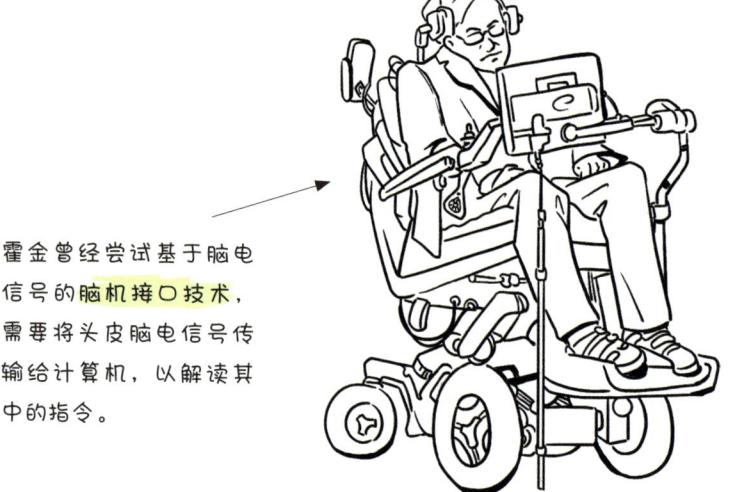

霍金曾经尝试基于脑电信号的<u>脑机接口技术</u>,需要将头皮脑电信号传输给计算机,以解读其中的指令。

脑机交互的过程和之前讲过的交互手段类似,都是先收集信号,再经算法处理后输出指令。

当人感受到疼痛时，会产生疼痛感所独有的脑电信号，电极检测到神经信号的变化，由记录仪记录并将数据传输给计算机，解码分析后，可判断出该脑电信号的含义，并命令设备作出反应。

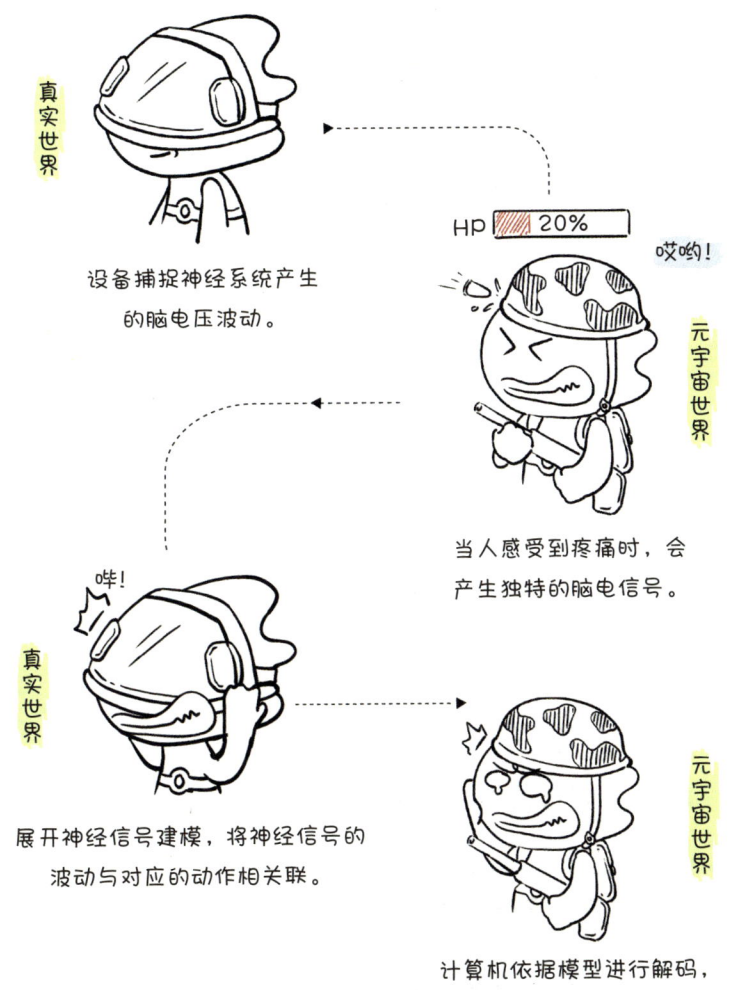

因此，脑机交互技术实现的关键就是要收集并读懂脑电信号。大脑神经元激活时，会产生生物电现象，这些电信号可以通过放置在头皮上或直接植入大脑的电极来捕捉。

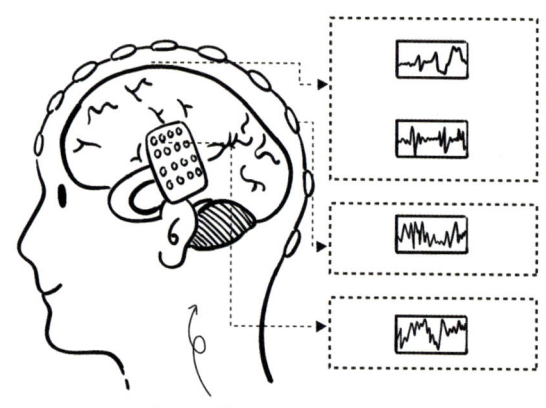

神经元通过突触连接彼此，形成复杂的大脑神经网络。

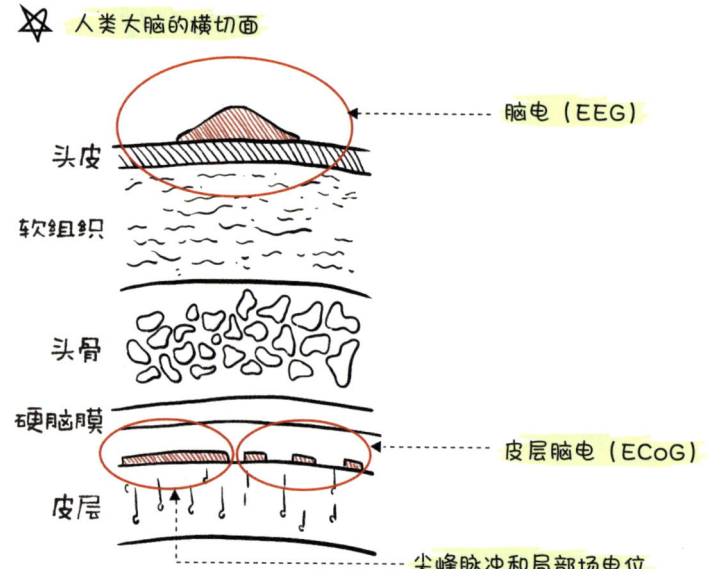

头皮脑电信号和皮层脑电信号两者都能反映脑内神经元放电产生的电压波动,因此脑机交互一般又分为侵入性和非侵入性两种。

❶ 侵入性技术

通过手术在人脑植入电极,用来记录脑活动。

侵入性技术必须开颅,在大脑皮层放置一个信号采集装置,具有一定的风险性,大多应用于医疗领域,帮助脑损伤或脊髓损伤康复。

❷ 非侵入性技术

非侵入性技术一般会采用类似于帽子或者耳机样式的信号采集器,安全性较好。

非侵入性技术大大增强了便携性,但缺点是信号的噪声过大,无法提取大量有效的脑电信号。

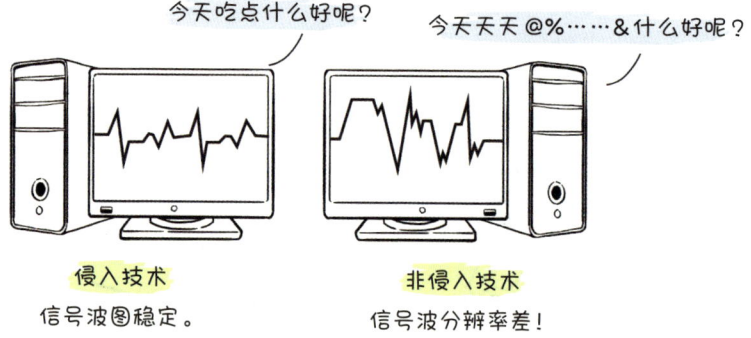

脑机交互需要非常复杂的信号处理算法。同时,提高空间分辨率和多模态神经成像技术(图片+文字+声音)也是其未来的发展趋势。

沉浸式交互体验

沉浸式学习　　　沉浸式炫饭　　　沉浸式沉默

想不想穿越到虚拟世界,来一段沉浸式交互呢?

快快快,我要打怪兽!

别急,我们先来看看如何进入虚拟世界。

1 沉浸视听

我们常说的沉浸式体验,是指视觉和听觉感官的沉浸。而视听沉浸最重要的指标是视觉的包裹感,这意味着成像画面要尽可能地覆盖人眼的可视角度。

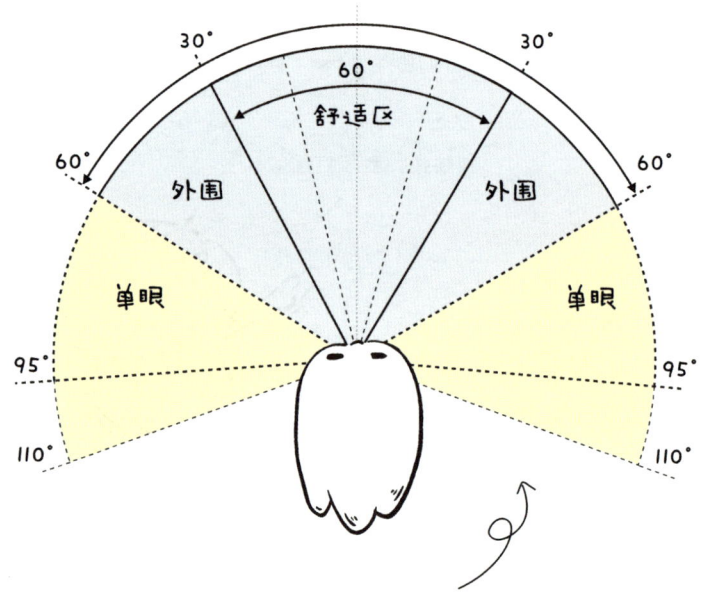

水平方向:
人类单眼视野大约是左右各 95°,共 190°。
转动眼球后,能获得更大的视野,左右各增加约 15°。
两眼重合的视野角度为 120°,舒适角度为 60°。

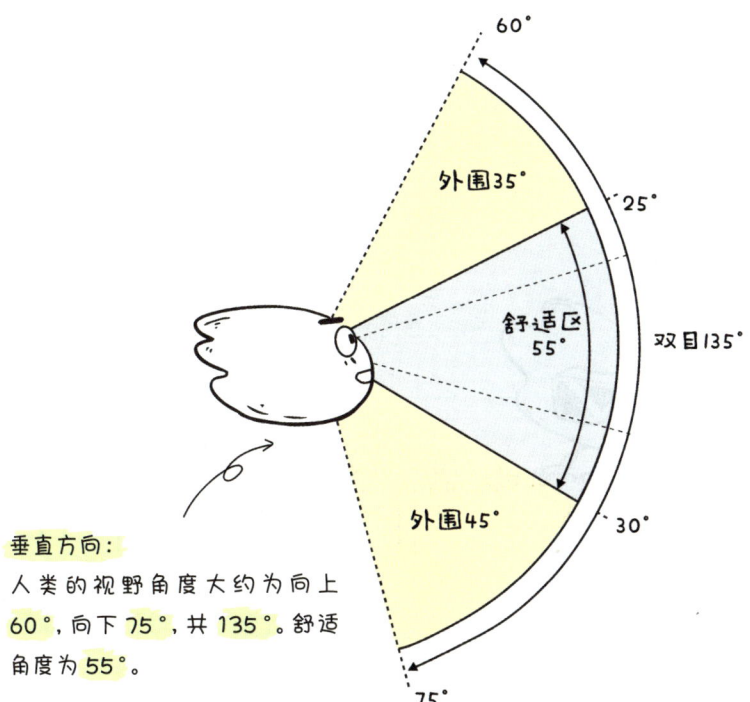

垂直方向：
人类的视野角度大约为向上 60°，向下 75°，共 135°。舒适角度为 55°。

一旦画面填满眼睛的可视范围，视觉包裹感就出来了。

想象一下你平时"摸鱼"的场景，这时候"鱼"的画面一般都能占据双眼的最大可视范围。

❶ 头戴式成像技术

头戴式成像能使影像全方位、无死角地贴脸,离得越近,看得越全。

世界上第一台头戴式成像头盔是美国科学家伊凡·苏泽兰在 1968 年发明的。

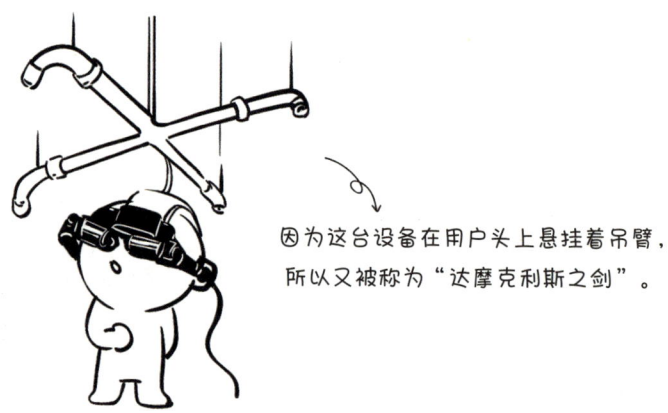

这台头盔通过悬挂在空中的巨大机械臂来跟踪用户视线,从而保证画面一直处在最大可视范围内。

20世纪90年代，曾掀起过一阵VR头盔热，其中代表性的有杰伦·拉尼尔发明的"EyePhone"，从外形上看，它已经很接近现在的VR头盔了。

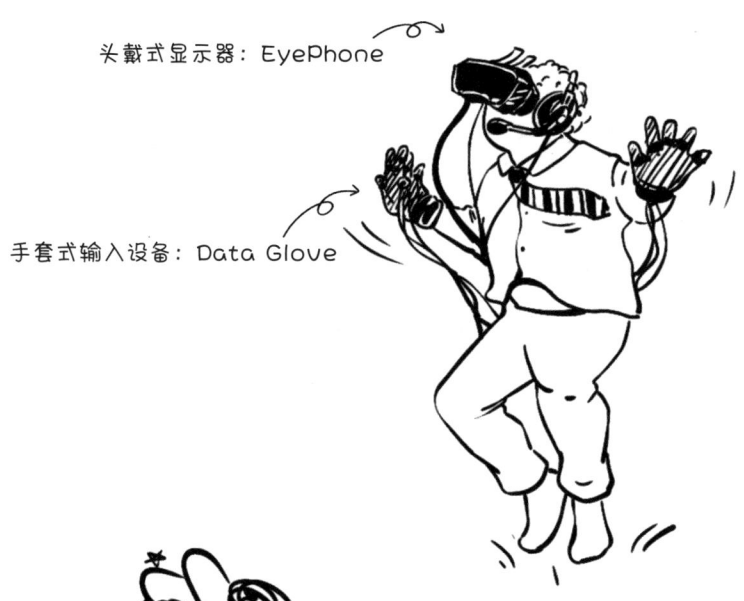

头戴式显示器：EyePhone

手套式输入设备：Data Glove

容易引起脑晕反应。

早期的头盔由于软硬件性能的限制，在分辨率、延迟、渲染效果等方面并不尽如人意，体验感也不是很好。

随着科技的发展，各类 VR 头盔层出不穷，虽然这些设备在佩戴体验、成像效果方面仍存在瑕疵，但已能让我们拥有更真实的体验。

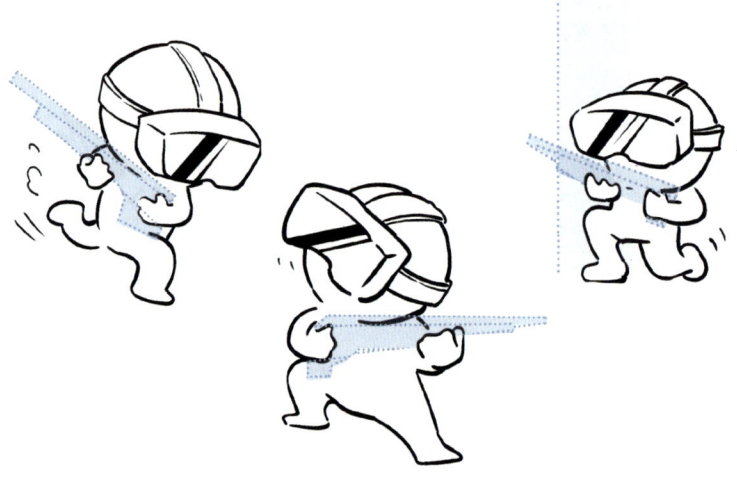

❷ 环境式成像技术

环境式成像的原理是让用户所处的空间被影像全方位、无死角地包裹。只要投影空间够大，就几乎没有视觉死角。

洞穴式自动虚拟环境，即"CAVE"，是一种最简单的环境式成像方式。

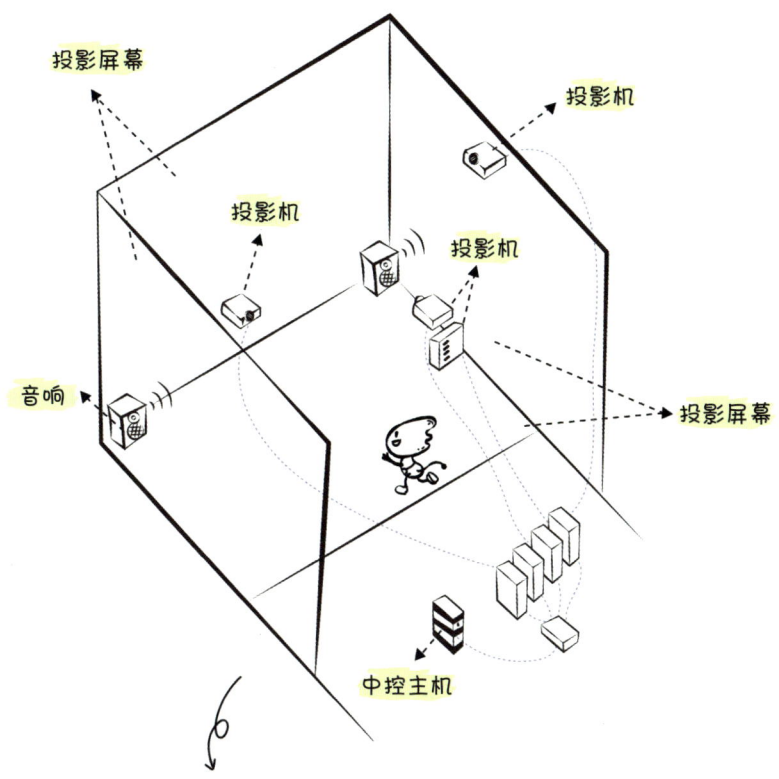

因为建造方便，CAVE 至今仍被各类展会、展览如世博会等青睐。

通常是在一个四方空间内，通过投影使 4—6 个面同时成像，为用户带来沉浸式体验。

另一种为球幕投影,顾名思义,就是在一个球形或半球形的空间内成像。

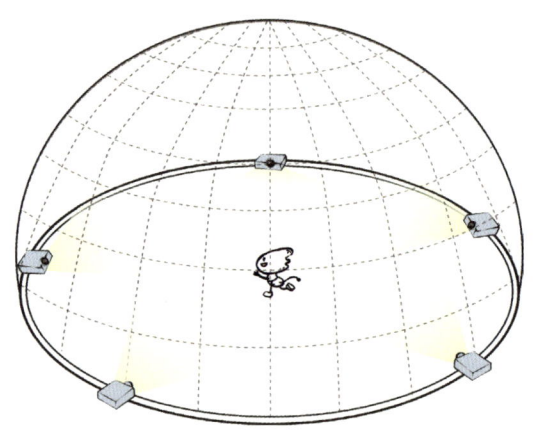

如果你去上海迪士尼乐园体验过"飞越地平线"项目,就一定还记得当时的震撼体验:整个人仿佛身处千米高空,如鸟儿般翱翔。它使用的就是球幕投影技术。

你知道吗?上海科技馆拥有中国大陆首家 IMAX 球幕影院!

除此之外，还有一种技术是对异形空间进行全覆盖成像，可以理解为在不规则物体上投影，极大地拓宽了沉浸体验的空间。

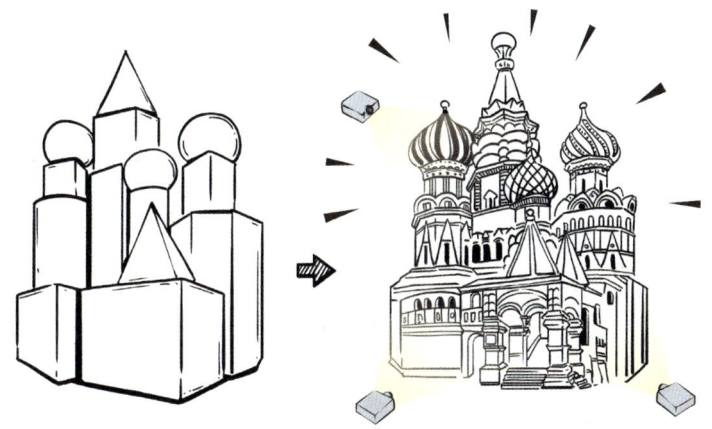

上海无界美术馆使用的就是异形空间投影法。从地板到墙壁，甚至是楼梯，影像覆盖了展馆两层空间里的每一处角落，打造出一个"超自然空间"。

沉浸的视觉效果解决了,接下来就是听觉。声音要有沉浸感,要满足一个最重要的特征:具有空间方向感,这一点决定了能否让你体验到与现场几乎一致的声场。

在环境式成像技术中,通常使用环绕声音响,比如大家熟悉的 5.1 声道、7.1 声道或杜比全景声来实现沉浸效果。

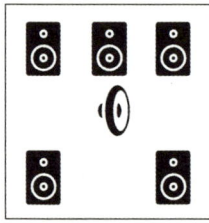

5.1 声道:
5 个音箱 +1 个
低音炮

7.1 声道:
7 个音箱 +1 个
低音炮

杜比全景声:
顶部增加扬声器,想要
几个声道就有几个声道

在头戴式成像技术中，使用耳机重建可将全景声音频通过双耳渲染技术转换为双声道音频，结合头盔跟踪拾取的头部运动数据，同样可以让你听到具备方向感的空间音频。

环境式成像可以同时多人体验，并且大家无须额外佩戴设备，但是环境式成像对空间的要求高，成本也比较高。

头戴式设备近年来迭代日新月异,在越来越轻便的同时,成像质量越来越好,性能也越来越强大。

头戴式设备很可能成为未来元宇宙的"入口"。

 ## 2 体感反馈

视听只解决了沉浸的部分问题，体感反馈是虚实交互中另一个重要环节，否则进入的元宇宙不是动态世界，而是一张添加了背景音乐的电子图片。

刚才真是吓死我了！被霸王龙拍肩膀那一刻，我的魂都快没了！这种感觉太真实了，怎么做到的？

 因为你身上的设备具有体感反馈功能，进一步提升了沉浸感。

❶ 受力感

原地运动系统设备长得酷似一个有着圆形底盘的跑步机,它可以让你在狭小空间内体验到走动、跑步、下蹲、坐下,甚至是地震的效果。

❷ 触觉

这副手套的每个手指上都有十多个脊状充气塑料片,在手上的不同部位产生不同的压力,还会轻轻拉动皮肤。当这些感觉与视觉和听觉共同作用时,你就会产生与虚拟物体真实接触的"错觉"。

撸猫还是撸铁就看你了!

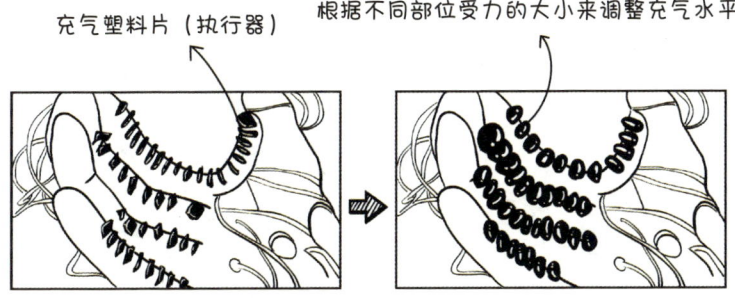

充气塑料片(执行器)　　根据不同部位受力的大小来调整充气水平

3
VR、AR 和 MR

随着科技的发展，VR、AR 技术不断成熟，如今又有了 MR，这么多个"R"，你能把它们分清楚吗？

❶ VR（Virtual Reality）：虚拟现实

VR 是借助特定的头盔、手套、体感器械等设备打造一个模拟现实世界的三维环境，你可以在其中沉浸、探索和互动，体验到身临其境感。简单理解就是把我们带入虚拟环境中去。

你可以自己玩游戏，也可以和世界各地的人远程协作办公、社交、教育与学习，最大程度地克服距离带来的障碍。

❷ AR（Augmented Reality）：增强现实

AR 是一个虚实相融的环境，让屏幕上的虚拟世界与现实世界场景进行融合与交互。

简单理解就是把虚拟的东西带到现实中来。

早期的 AR 技术需要借助二维码等人为标记进行定位。

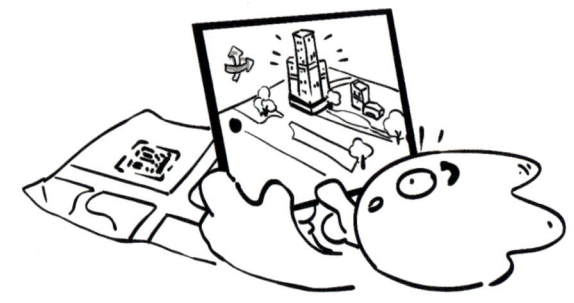

现在的 AR 技术已经可以快速识别一张图片、一个物体或者一个小型室内空间，并进行定位、跟踪。人们常用的手机实景导航就属于 AR 的一种。

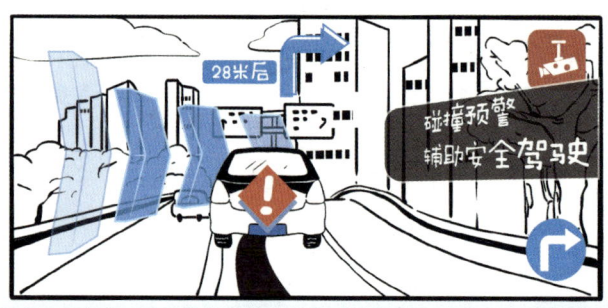

❸ MR（Mixed Reality）：混合现实

MR 可以涵盖所有虚实相融的视听效果，能通过设备让你看到裸眼无法直接观察到的信息。按照学术上的划分，AR 是 MR 的子集，在商业领域，MR 的使用频率越来越高，出现逐步替代 AR 的趋势。

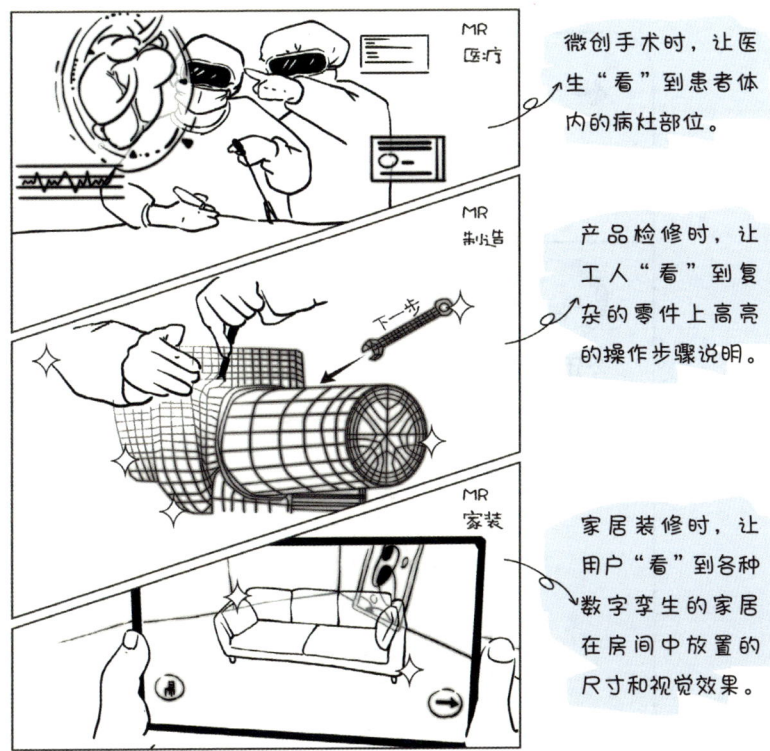

或许在不久的未来，VR 将会与 AR、MR 融合为一体，使我们彻底打破次元壁，在任意喜欢的空间里学习、工作、运动，甚至接受治疗。

NFT——元宇宙的独特数字资产与交易机制

过年就是好啊!压岁钱收了不少,还收到了一张图片,说是叫 NFT?

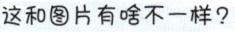
这和图片有啥不一样?

格局小了吧,有些图片搭上 NFT,身价可就不菲了起来。

2021 年,数字艺术家比普尔将自己 13 年创作的作品集拼接成一张 JPEG 图,名为 *Everydays : The First 5000 Days*,最终以 6934 万美元卖出。

$69 340 000

1 NFT 是什么？

NFT 的全称为非同质化代币。利用 NFT 技术将各种各样的物品数字化后，NFT 就成了货币一样的存在。

你用的头像、表情包，看的动画、数字艺术品，甚至一条朋友圈，都可以是 NFT。

非同质化代币不能以一换一。

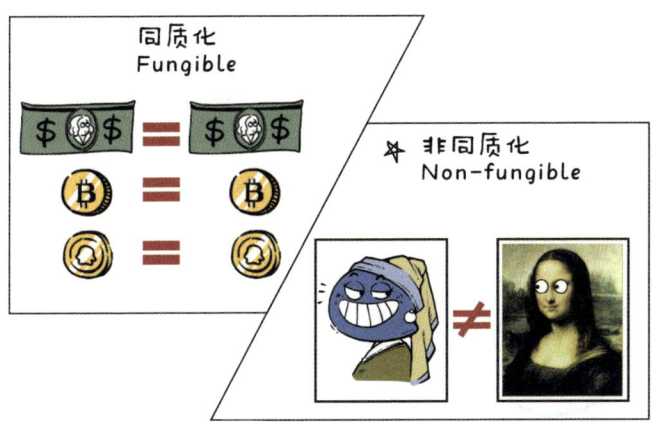

非同质化代币也无法分割。但为方便小额交易,有碎片化协议的趋势。

在元宇宙里,你找不到两个完全相同的NFT。

2004年,一位大佬花了830万美元买了著名抽象表现主义画家马克·罗斯科的一幅画。

直到7年后,才发现这幅画是两个骗子卖给画廊的伪作,真正的作者是一位名不见经传的画家。

传统艺术品的真假如此难以分辨，数字艺术品岂不是更容易仿造复制？！

 ## 2 NFT 怎么防伪？

依托于去中心化的区块链技术，NFT 成功地解决了防伪难题。

 我们先看看什么是中心化！你可以理解为庞大的交易市场里只有一个账房先生。

天网恢恢,疏而不漏,让每一个老赖都找到真正的归宿。

区块链是由不同区块链接而成的,你可以把每个区块都当作是一个小账本。

每个区块上都存储了交易记录,牵一发而动全身。哪个区块"不怀好意"地想更改记录,其他区块可都会知道……

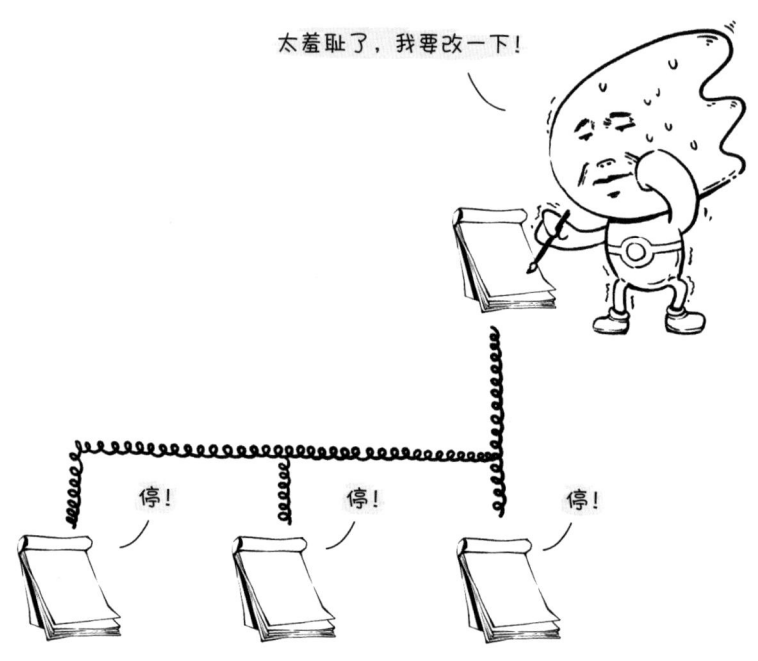

也就是说,去中心化能将每件NFT从诞生起的每一笔交易,都同步记录在账本里,这些信息可溯源且不可篡改,成为数字财产的最强盾牌。

所以,只要将数字产品NFT化,并经过加密存储在区块链上,它就能成为独一无二只属于你的数字资产。

第3章

元宇宙的基础建设

区块链——元宇宙的基础设施

随着互联网技术的发展,线上交易肯定少不了,作为数字资产的 NFT 会不会被盗走呢?

ctrl C-ctrl V- 抹掉水印,这件 NFT 就归我了!

放心!NFT 很安全,不会被盗。因为它依托于区块链技术。

"区块链"这个耳朵都要听得起茧的名字,到底是个什么东西?

1 区块链是什么?

你可以把区块链想象成一个加密的分布式账本。"账本"很好理解,就是写满了交易记录的本本。

分布式意味着记账人(节点)不止一个,同时所有账本里的内容都一样。加密可以确保数据安全,不会轻易被篡改。

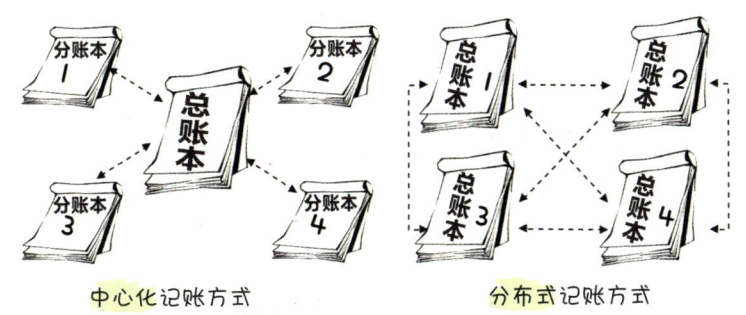

没有中心,节点之间权利平等,节点之间直接交易。

不妨来举个例子。

每逢毕业季,都会有不少新晋"社会人"为租房发愁。

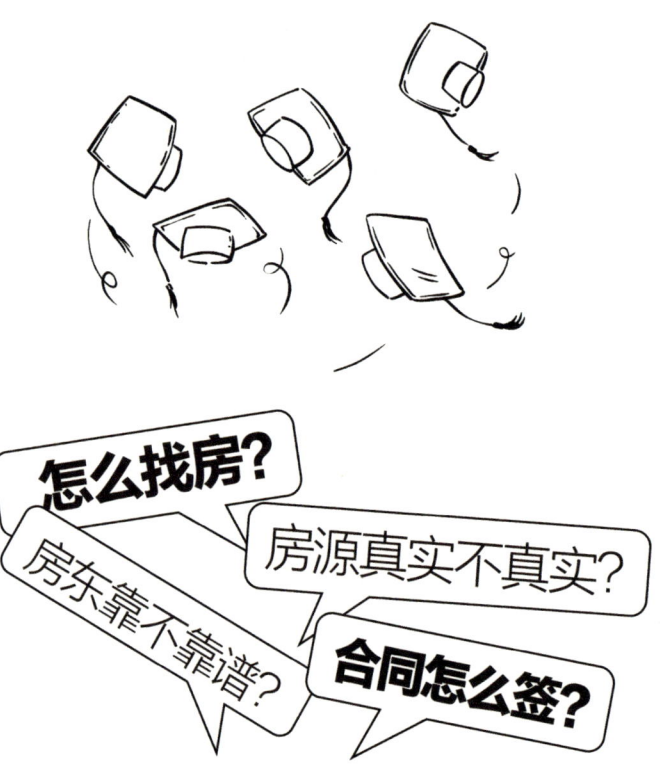

这时候,中介就会热情地为你服务。

大致过程会是这样:

❶ 看房:中介给你推荐房源。

❷ 签约:跟中介或者房东签订合同。

❸ 支付:房租和中介费。

你有没有发现?在整个流程中,中介就像总账本,主导着整个交易。看哪套房子、租金多少,都掌控在中介手上。

但如果通过区块链租房,租客和房东就可以直接对接,记账人负责确认和验证两人的交易,再把交易信息打包上"链"存储,随后每个记账人都会同步收到这份信息。

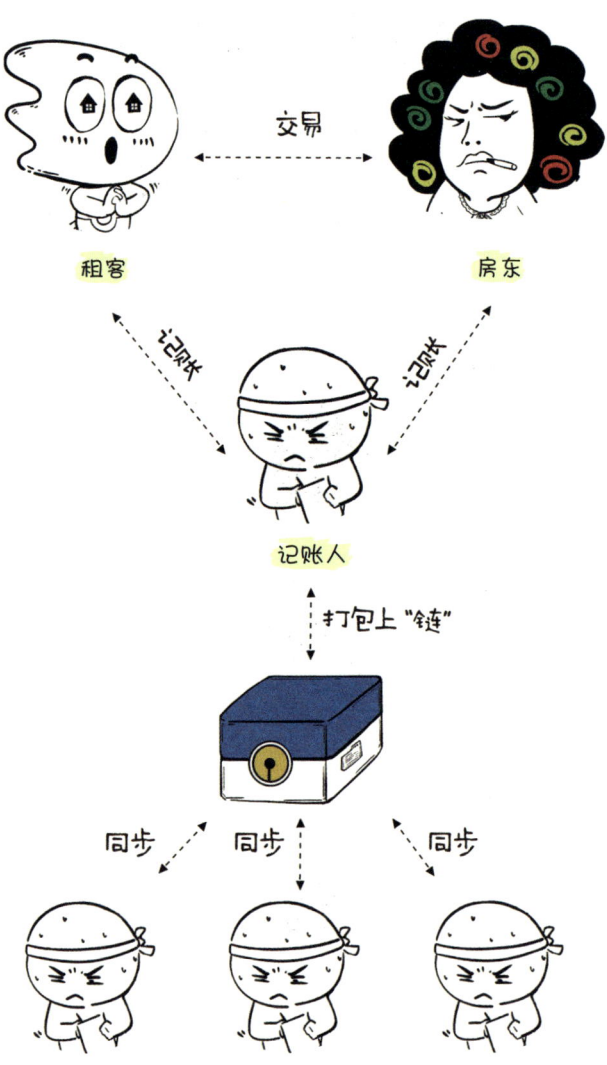

原先，只有中介清楚这笔交易，这下大家伙都知道了，租房就更有保障了。这靠的就是区块链的共识机制。

交易一旦完成，相关信息也就没法更改，毕竟有这么多双"眼睛"盯着呢！

没了中介，如果遇到的是假房东可怎么办？

这时候，区块链的可追溯性就派上了用场。

在"链"上,谁记账记得最快最好,谁的账本就会被"收缴"打包成一个区块。

区块就像一个装满了账本的收纳盒。

按照先来后到的顺序，区块依次相连，就形成了区块链。

只要往上找找，就能把这套房子的"生平简介"扒得一清二楚，假房东也就没有生存空间了。

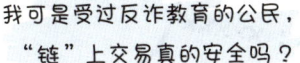

2 用什么保证"链"上交易的安全性？

有加密界"一哥"哈希算法和"一姐"数字签名技术在，谁都别想把交易信息给中途截和了！

"链"上交易采用哈希算法加密交易信息，最后会得到一串由字符组成的哈希值。信息只要有一点改动，最后生成的哈希值就会不同。

但是要想达到防篡改的目的，还需要借助数字签名技术。

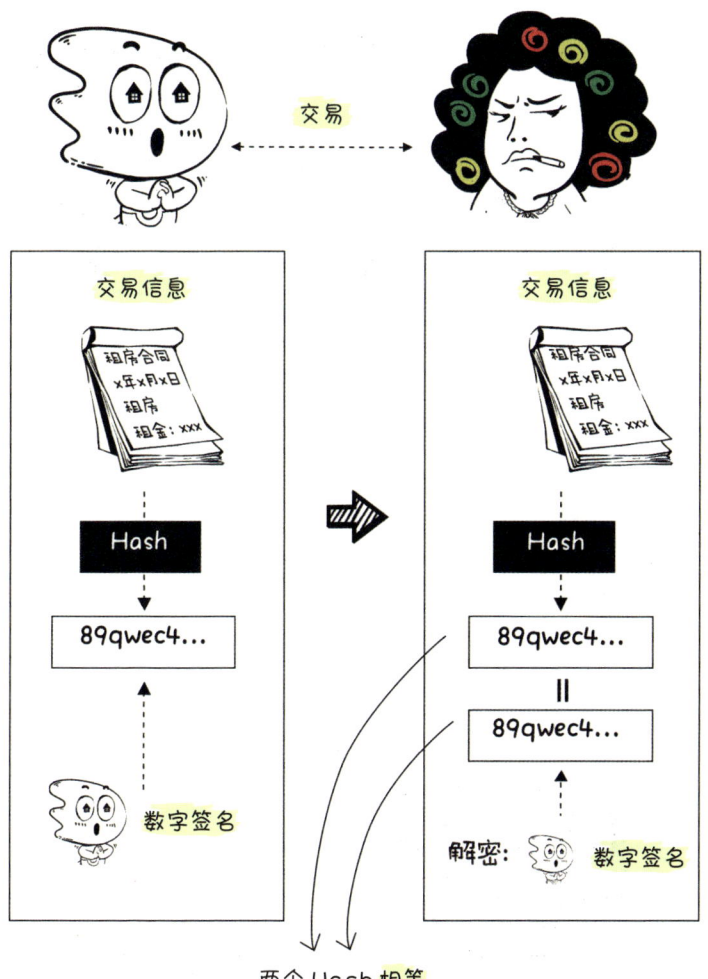

另外，区块链也是有分类的。按照去中心化程度，一般可分成公链、联盟链和私链。

公链	联盟链	私链
相当于随便出入的免费花园。	花园有准入限制，建起了围墙，配备看门大爷，只对部分人开放。	私人花园，一定要得到主人许可才能进。

3 币种知多少

区块链不等同于比特币，非要说有啥关系，其实也就是"父与子"的关系吧。

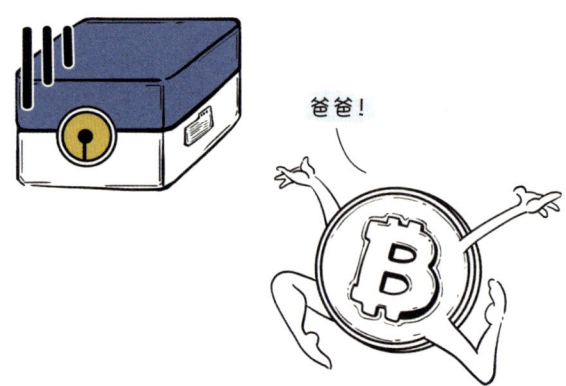

天下可没有免费午餐,记账人也不是白干活的。

大家拼命致富的过程就是俗称的"挖矿"。谁的账本能最先被采用,谁就能挖到矿,拿到酬劳,例如比特币。

2008年,一位叫"中本聪"的神秘人发表了一篇名为《比特币:一种点对点的电子现金系统》的论文。一年后,第一种基于区块链技术的加密货币——比特币诞生了。

作为出生最早的币种，比特币很是受欢迎，理所当然地成了"币圈一哥"。

2013年，顺风顺水的"一哥"终于吃了点苦头。这一年，走亲民路线的狗狗币(Dogecoin)一炮而红，靠着更大的发行量一度威胁"一哥"的江湖地位。

除了狗狗币、比特币，我们的生活中还有很多"币"种。

❶ 数字货币

数字货币（简称为 DC）是以数字形式存在的货币。只有经过合法机构认证，才能成为真正的数字货币。

DCEP 就是我们中国版的数字货币。

❷ 虚拟货币

虚拟货币不是由法定机构发行的,在某些情况下可以作为支付手段,以电子方式进行转移、存储和交易。

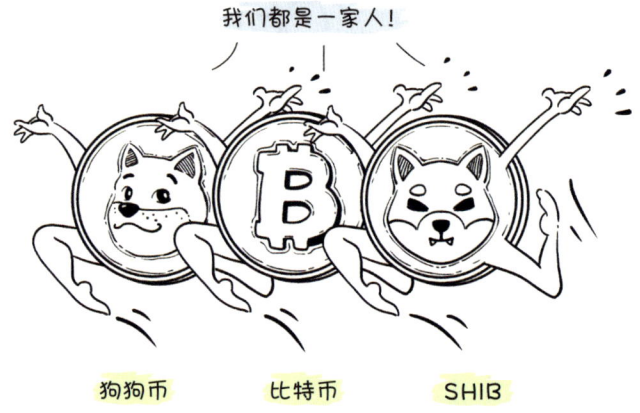

小贴士:区块链加密货币也是一种虚拟货币。

❸ 代币/通证

代币是一种限制使用范围的不具备通货效力的物品,只能在特定场合使用(比如各种代金券)。

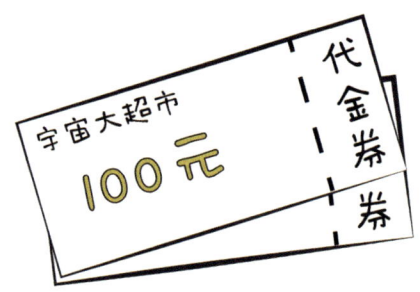

通证代表的是一种权益证明，持有通证才能进行相应操作（就像我们的门禁卡）。

这么看，区块链主要就是应用于加密货币、交易买卖的嘛？

你太小看这个新世界了，区块链技术已经普及到了许多领域。

4
区块链有什么用？

前面提到过，区块链可用于房产交易。

除此之外，区块链技术还应用于医疗行业，促进医疗信息共享，患者也不用担心隐私泄露。

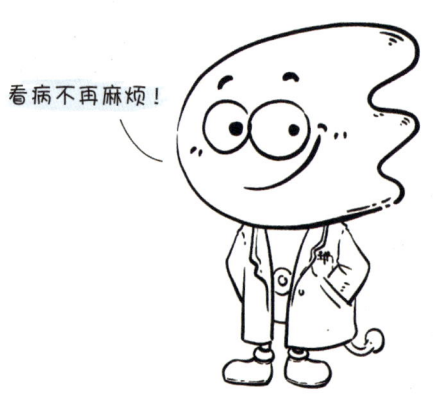

瑞士的 ODEM 项目将区块链应用于教育产业，降低了教育成本。

区块链技术 + 数字艺术产品，让数字藏品走进我们的生活。

区块链还能和物联网相结合，这也是目前比较热门的研究方向。

云计算——元宇宙的土壤

你有没有遇到过这种情况:明明网络没问题,网页却打不开了?

我们常见的404报错指的是网站服务正常,但网址对应的服务网页找不到。而504则指后端服务器整体不正常。

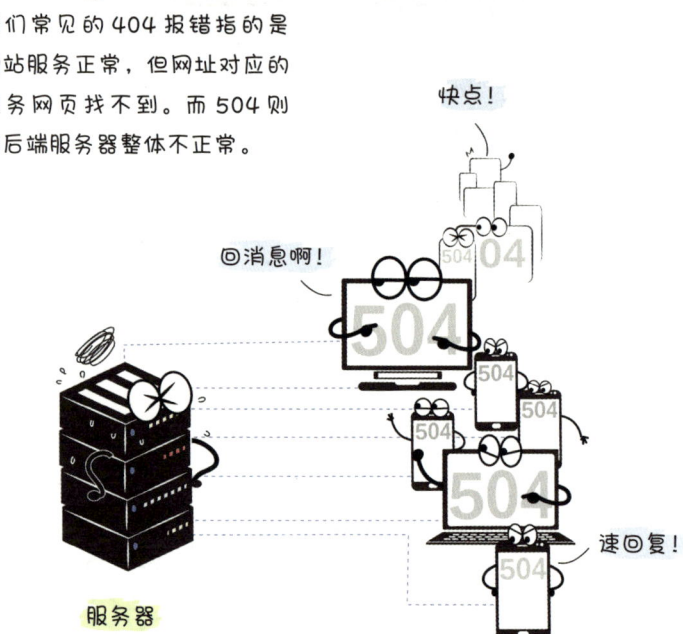

服务端,顾名思义就是提供网页访问服务的一方;而我们访问网页时用到的手机或电脑则为客户端。

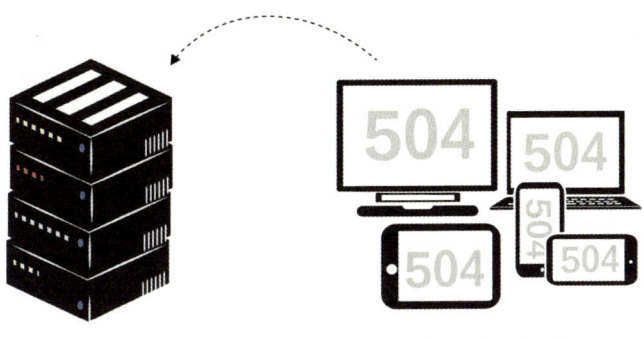

服务端:服务器　　　　客户端:计算机、手机等

服务器的性能决定了服务端访客量的大小。

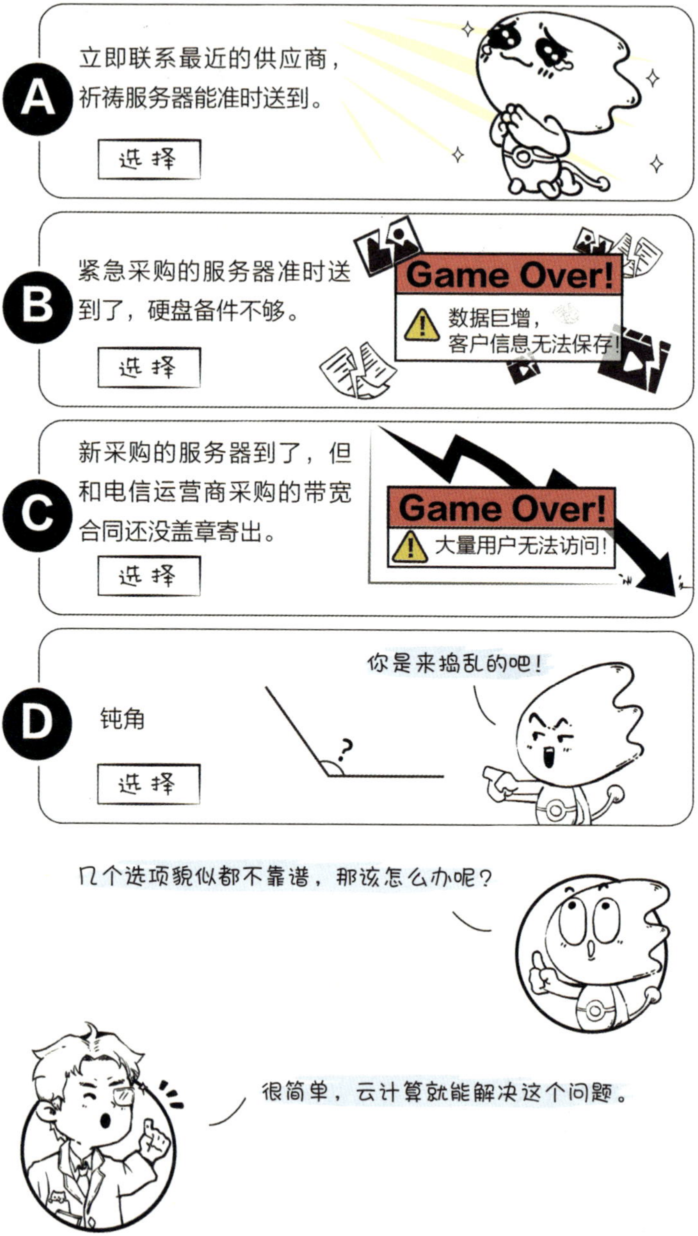

A 立即联系最近的供应商，祈祷服务器能准时送到。

选择

B 紧急采购的服务器准时送到了，硬盘备件不够。

选择

Game Over!
数据巨增，客户信息无法保存！

C 新采购的服务器到了，但和电信运营商采购的带宽合同还没盖章寄出。

选择

Game Over!
大量用户无法访问！

D 钝角

选择

你是来捣乱的吧！

几个选项貌似都不靠谱，那该怎么办呢？

很简单，云计算就能解决这个问题。

1 云计算是什么?

"云"即网络整合,"计算"则为算力,"云计算"实际上就是整合零散的算力资源,再通过平台对其统一管理及分配,最终实现最大化利用。

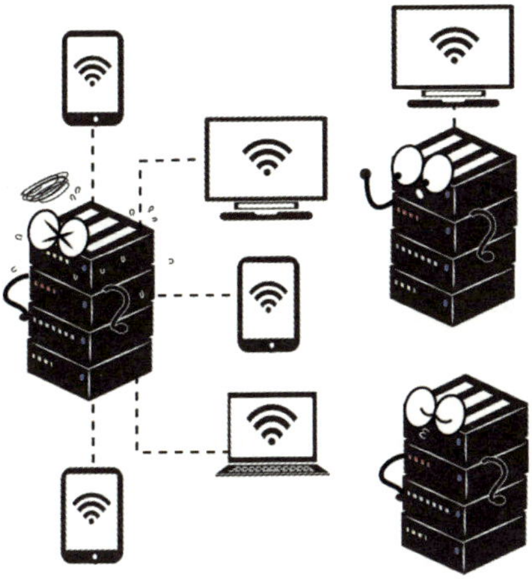

云计算前:
忙的忙死,闲的闲死!

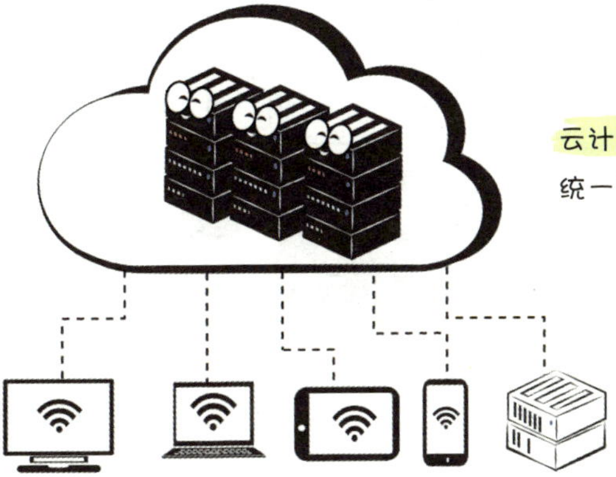

云计算后:
统一管理分配,最大化利用。

这就同日常生活中使用的水和电一样，自己挖井发电不太现实且没必要，但统筹后，只需要付水电费就好了。

我们把提供算力的硬件叫作服务器。它也是计算机的一种，但比普通的计算机运行速度更快、负载更高，当然也更贵。

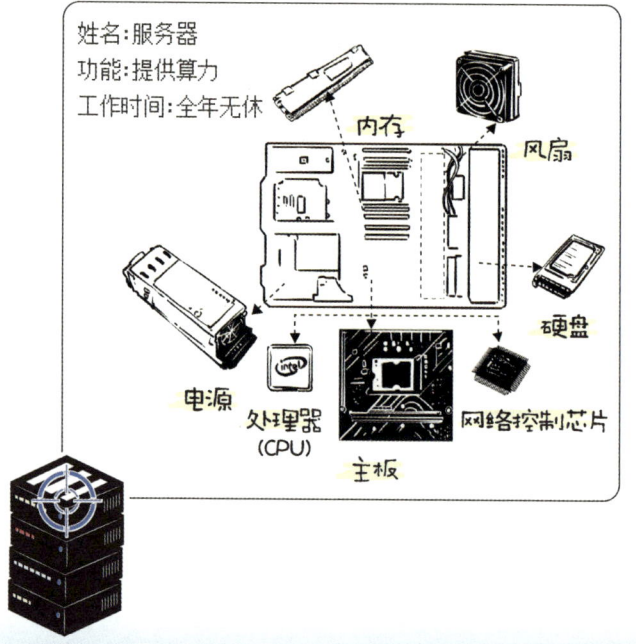

云计算的基础是将物理硬件资源转化成虚拟资源。一台物理服务器可以"分割"成多台"虚拟服务器",也叫虚拟机。

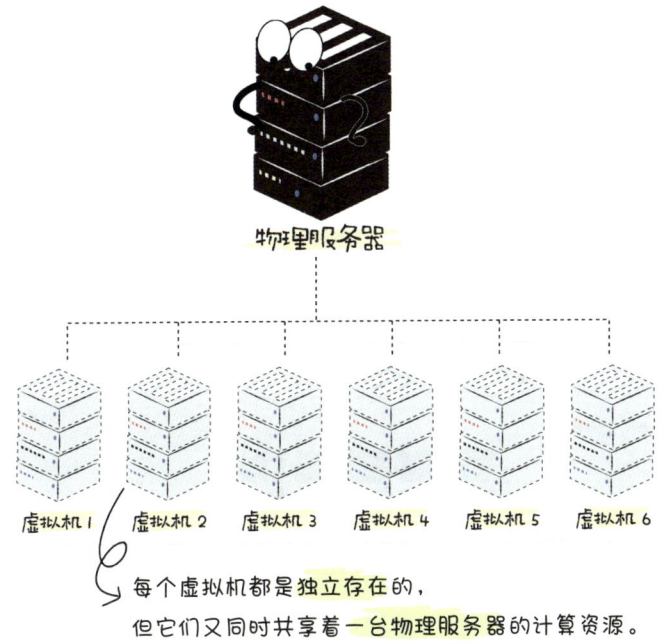

有了虚拟机,就可以利用计算机网络形成计算能力极强的系统,成立互联网数据中心(IDC),为客户提供云计算服务。

✈ 互联网数据中心逻辑架构

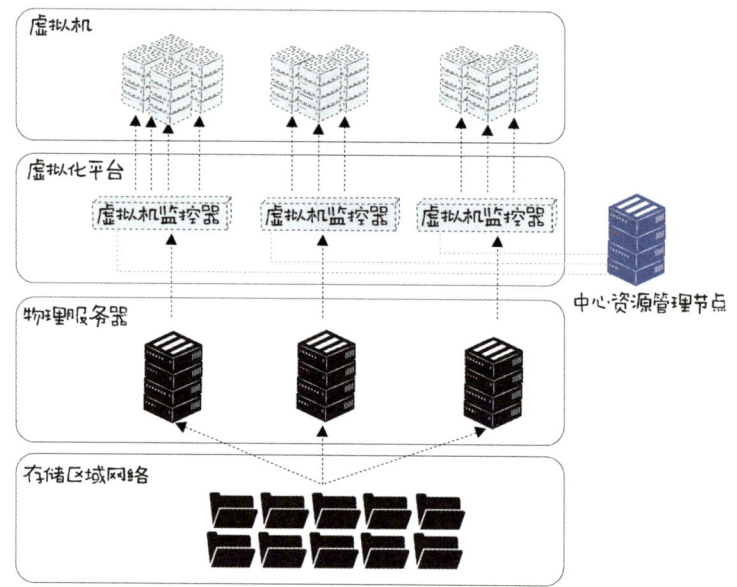

现在,假如你再次遇到服务器告急的问题,你就可以有一个更加满意的选择!

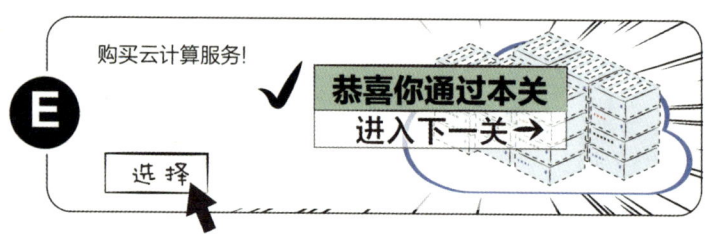

购买云计算服务!

E

选择

✓ 恭喜你通过本关
进入下一关 →

2 云计算的优势

云计算可以通过"化整为零"或"化零为整"的方式将计算能力提供出来,这意味着它能够快速响应实际计算需求,将计算资源利用到最大化。

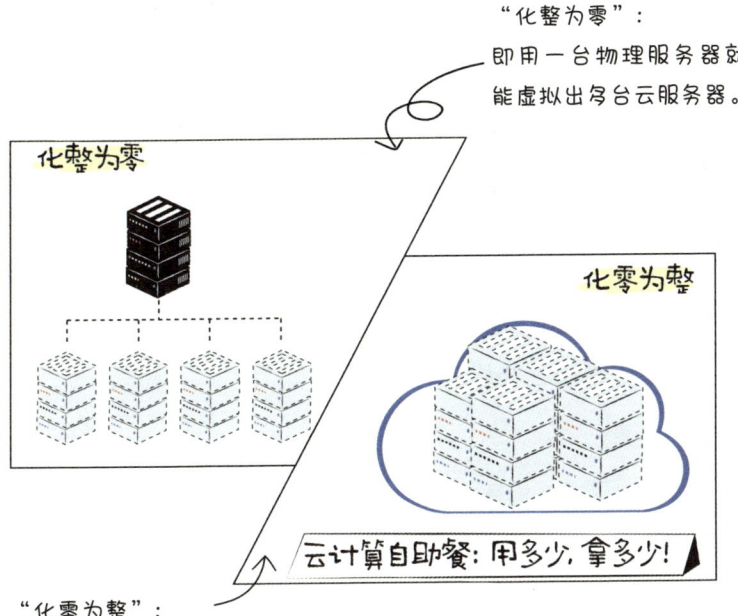

"化整为零":
即用一台物理服务器就能虚拟出多台云服务器。

"化零为整":
云商将运维经验和硬件资源整合后,
以集群的形式提供服务。
客户无须关心实际有多少台机器在工作,
只管用便可。

❶ 快速响应实际计算需求

在云计算诞生之前,上线一个网站需要一系列复杂的步骤,购买服务器、配置网络、搭建数据库……

无云计算

有了云计算,上线网站、服务器扩容……无论什么需求来了都不用慌。甚至在发展海外业务时,也不用远跨重洋,可以在国内直接上线服务。

有云计算

❷ 最大化利用计算资源

如果没有云计算,企业在业务繁忙时需要不断采购服务器,但等到了淡季,又会有大量的计算资源闲置。

有了云计算就不一样了。业务繁忙时,按量按时购买云服务;业务高峰一过,可以随时释放资源,减少成本。

3 云计算可以解决元宇宙的哪些问题?

科技发展不断对计算能力提出更高要求,到了元宇宙时代,云计算为算力的提升提供了强大的支持。

✱ 算力的演变

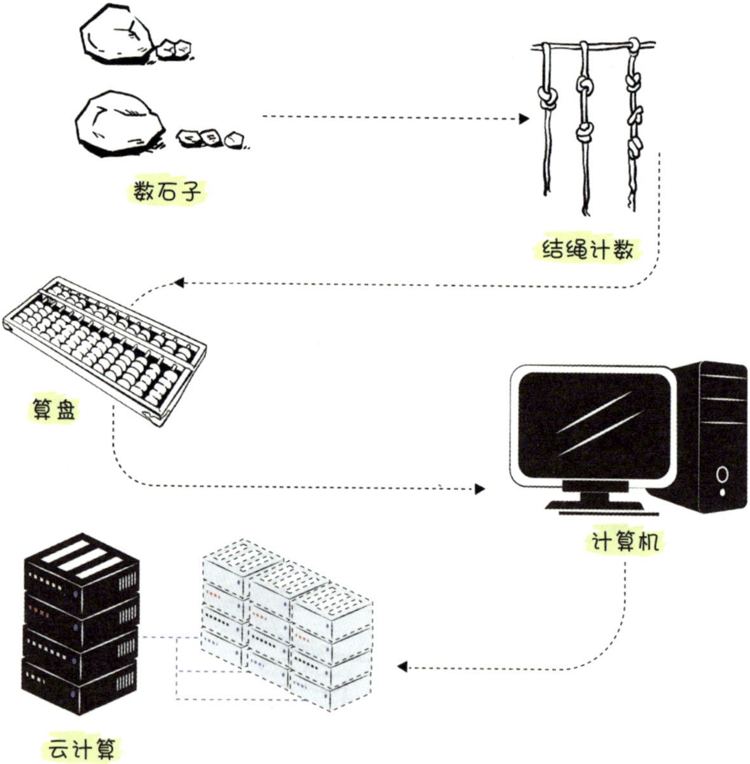

数石子

结绳计数

算盘

计算机

云计算

首先,云计算可以为元宇宙的日常服务提供算力支持。在高峰期,当元宇宙的居民快速涌入时,云计算能以较低成本解决负载压力。

另外,云计算的边缘计算能力和云服务独立的跨境专线可以帮助用户绕过拥堵的网络通道,更快连接到服务器,享受风驰电掣般的冲浪体验。

除此以外，云计算还可以实现云上实时的画面渲染，帮助简化 VR 设备，大大降低了进入元宇宙的门槛。

无云计算

VR 设备需要一台主机支持才可以用。

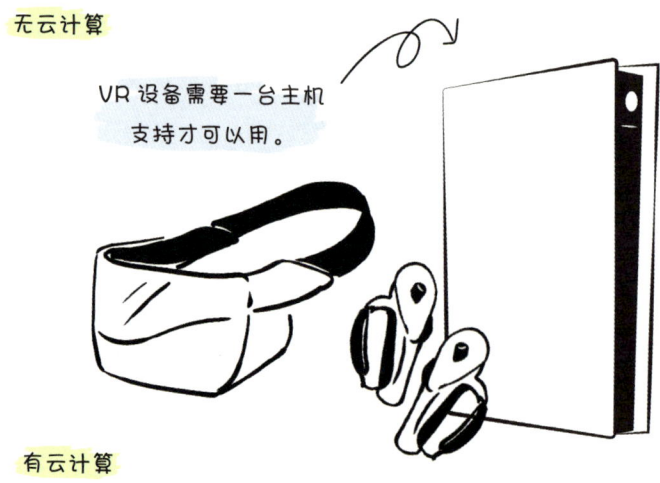

有云计算

画面由远程渲染，VR 眼镜和体感设备轻装上阵。

云计算技术将成为数字化时代的重要支柱之一。让我们拭目以待！

东数西算

通过查看云服务商官网,我们会发现,提供计算资源的地域,除了有北上广深这类一线城市外,还有几个比较特殊的地区,如乌兰察布、贵阳。你知道为什么吗?

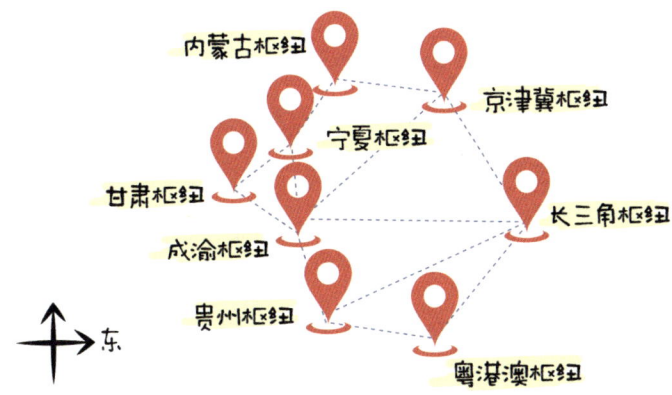

原因在于一线城市的土地资源成本高昂,随着互联网计算能力的提高,其占地空间也会随之增加。除此之外,还有一个非常重要的原因,云计算需要提供不间断的服务,因此需要持续的电力供应,此时中西部地区的丰富资源就派上了用场。

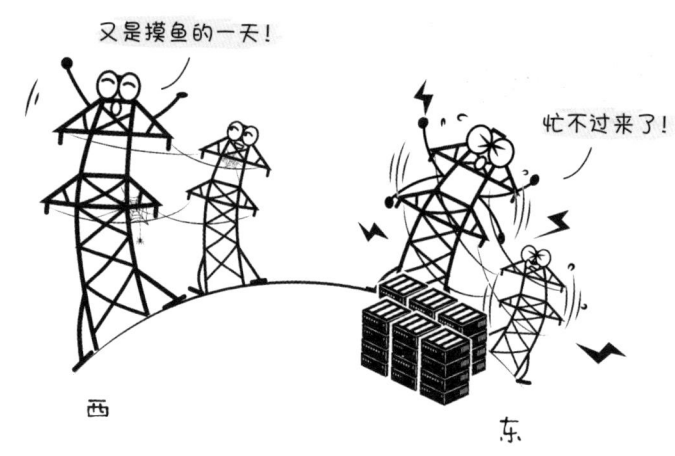

互联网最大的优势就是速度。例如,从上海向北京发送一个简单的网络测试请求,理想情况下来回耗时约在 50ms 内,即 0.05 秒,响应非常快。因此,对于延迟敏感的业务,可以将响应业务放到一线城市,达到请求最快响应的效果,而数据日志则可以同步到西部机房,由西部完成离线的数据分析之用。

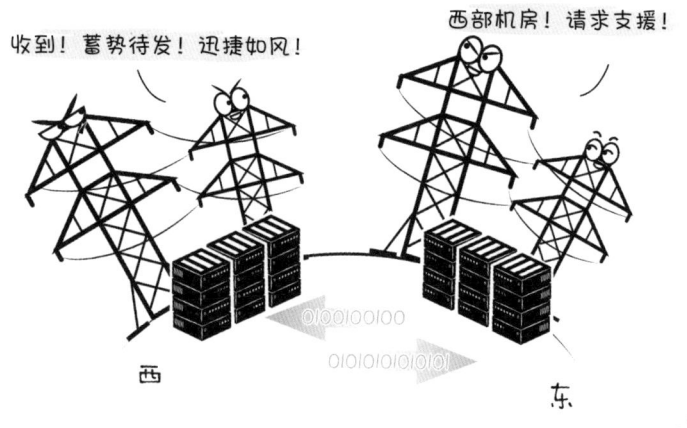

这就是"东数西算"工程,该工程于2022年启动。"东数西算"中的"数",指的是数据,"算"指的是算力,即对数据的处理能力。

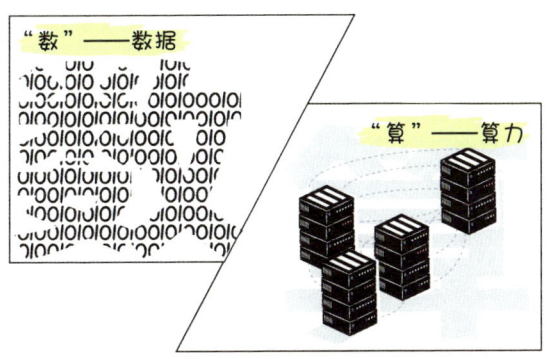

"东数西算"通过构建数据中心、云计算、大数据一体化的新型算力网络体系,将东部算力需求有序引导到西部,对推动数据中心合理布局、优化供需、实现绿色集约和促进东西部互联互通等意义重大。

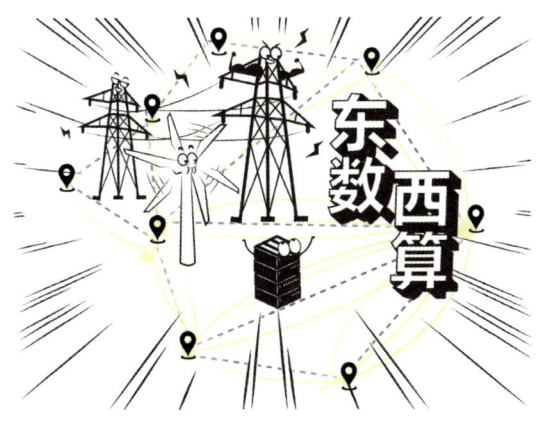

第4章

智能化运作的元宇宙

计算智能

人工智能简称 AI，顾名思义，由"人工"和"智能"组成，是指由人制造的机器所表达的智能。

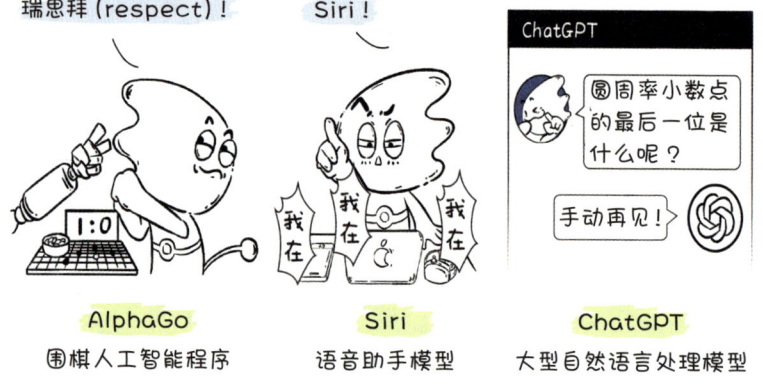

AlphaGo
围棋人工智能程序

Siri
语音助手模型

ChatGPT
大型自然语言处理模型

得益于科技的发展,人工智能已经不再是科幻作品中的名词,而是日常生活中就能接触到的技术。

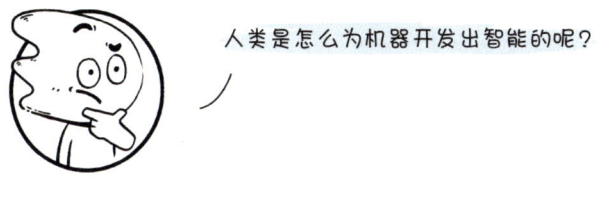

人类是怎么为机器开发出智能的呢?

科学家给人工智能安排了三种发展路线。

1. 逻辑主义:认为人类认知的基本单元是符号,智能则是基于逻辑推理对符号的表示与运算。

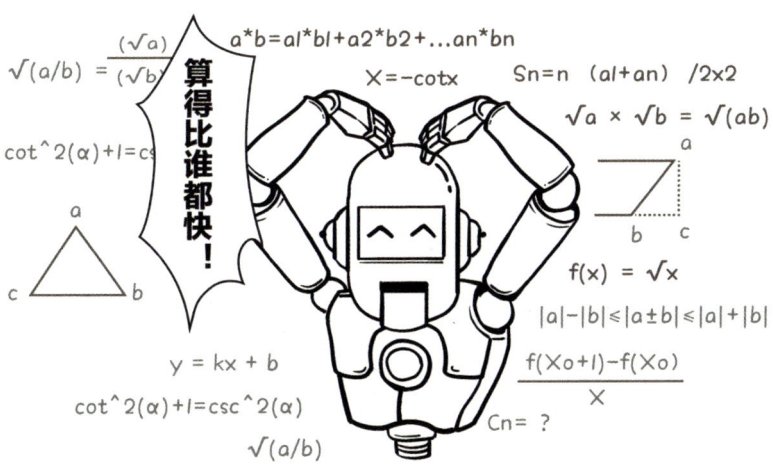

2. 联结主义：模拟了人脑神经元之间的联结，认为智能是通过神经元之间的联结和信息传递来实现的。

3. 行为主义：强调观察和学习行为的重要性，通过实用的方法来解决一些复杂的问题。

而人工智能本身可以分为三个层次，分别是计算智能、感知智能和认知智能，三者层层递进，由易到难。

1 计算智能的产生

你知道在计算机发明之前,人类是怎么计算的吗?

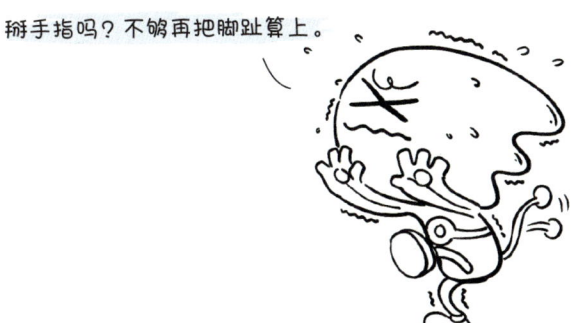

掰手指吗?不够再把脚趾算上。

春秋时期,中国人使用的是"算筹",也叫"算子",通过一束长短粗细相同的小棍子来算数。

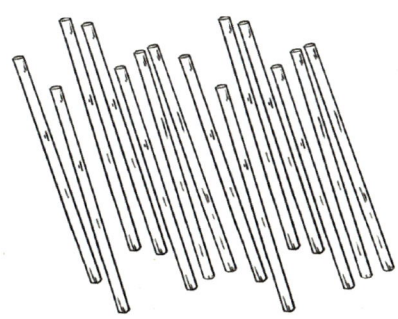

中国古代数学家祖冲之就是用算筹算出了圆周率的大致范围。

而历史悠久的算盘则是通过算珠的移动来执行基本的算术运算。

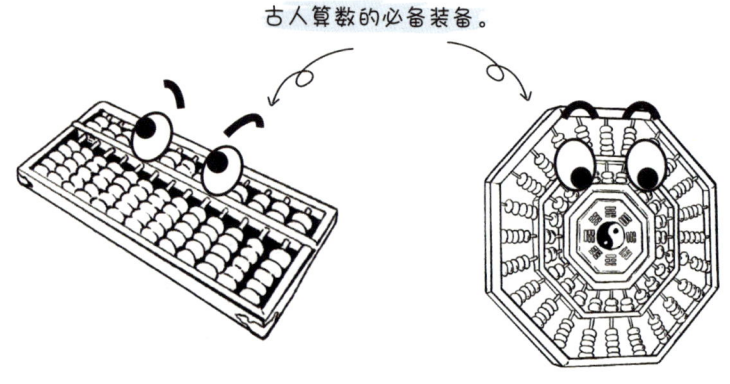

古人算数的必备装备。

直到计算机的出现,人类的计算能力才得到大大提升。

世界上第一台通用计算机埃尼阿克（ENIAC）是个由 18 000 多个电子管组成、重达 30 多吨的大家伙，最初被用于计算导弹的弹道。

如今，一台普通家庭电脑每秒钟运算次数就可达到 2.5 亿次到 3.5 亿次之间。

我国自主研发的超级计算机神威 E 级计算机突破了每秒 12 亿亿次运算,是普通笔记本电脑运算速度的 100 万倍。

真是一代比一代强!

是的,为了计算更复杂的问题,计算智能应运而生。

2 什么是计算智能?

我们先来了解一下计算机的运算逻辑。

计算机的语言是 0 和 1 两种符号,也就是二进位制,相邻数位之间的进位关系为"逢二进一"。

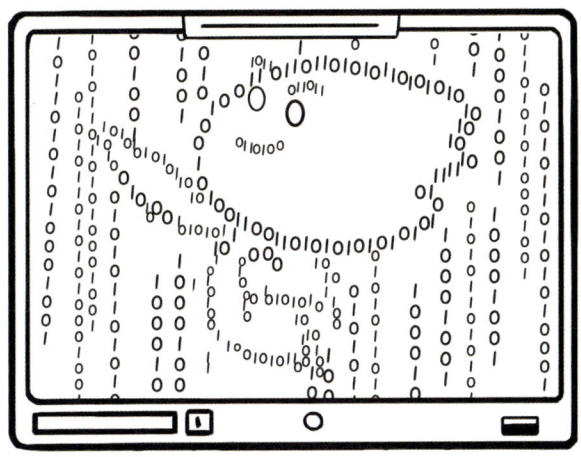

你肯定在科幻电影中见过计算机满屏 0 和 1 的画面,那就是在<u>处理数据</u>。

二进制里 1+1 等于多少呢?

(答案在最后)

计算智能强调对数据的计算,它基于强大的计算和存储能力,从数据中学习并解决特定任务。主要有两大特点:

❶ 采用启发式的随机搜索策略

以玩"猜数字"游戏为例,它随机猜一个答案,然后再根据这个猜测继续往下猜,直到找到最佳答案。

❷ 具有普遍的适应性和求解的鲁棒性

适应性意味着计算智能不需要严格的数学推导,就有很好的全局搜索能力。

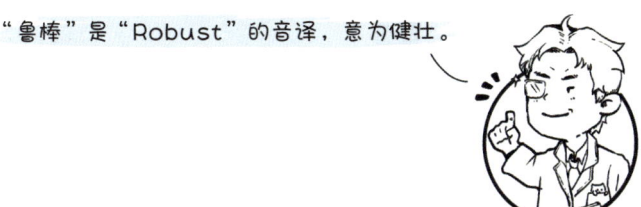

"鲁棒"是"Robust"的音译，意为健壮。

在计算机领域，鲁棒性是指系统或算法能够在不确定性和变化中保持高效且准确的性能。

输入错误

磁盘故障

网络过载

恶意攻击

计算机软件在输入错误、磁盘故障、网络过载或恶意攻击的情况下，能否不死机、不崩溃，取决于该软件的鲁棒性。

3 计算能力如何实现？

计算智能的强大并非凭空而来，背后少不了算法的支持。为了处理不同的需求，人们想出了很多种算法。

模糊计算

神经网络

进化计算

单点搜索

❶ 模糊计算

传统的计算方式只能处理精确的信息，即用传统的二值逻辑来处理问题，讲究非黑即白，结果只有"是"和"否"。

✡ 二值逻辑

但现实世界的信息往往是不精确的，为了能够更好地处理模糊和不确定性问题，模糊算法诞生了，它使用模糊集合与隶属度来描述模糊的信息。

✦ 模糊逻辑

模糊集合：一种无法用"是"与"否"来描述的信息范围。

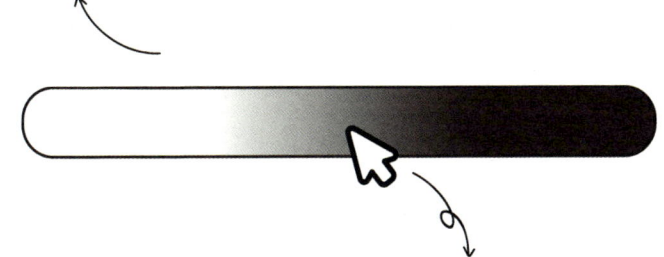

隶属度：通过特定的函数来衡量信息与模糊集合的归属程度，数值在 0 和 1 之间，0 代表完全不属于，1 代表完全属于。

我们以空调温度为例来解释。天气逐渐热起来了，什么温度对科奇来说是舒适的呢？

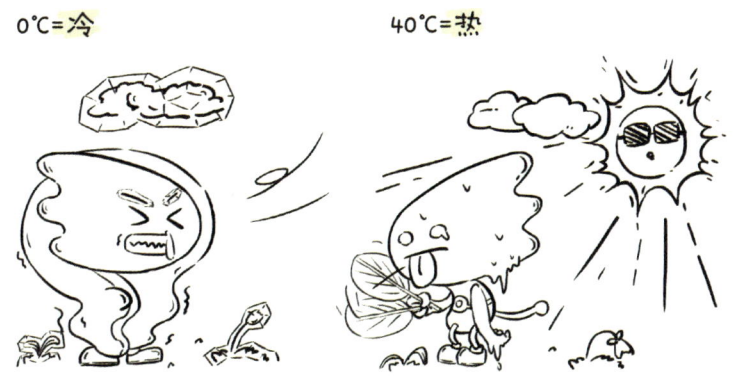

在二值逻辑里，0℃对科奇来说是冷，40℃是热，那27℃呢？

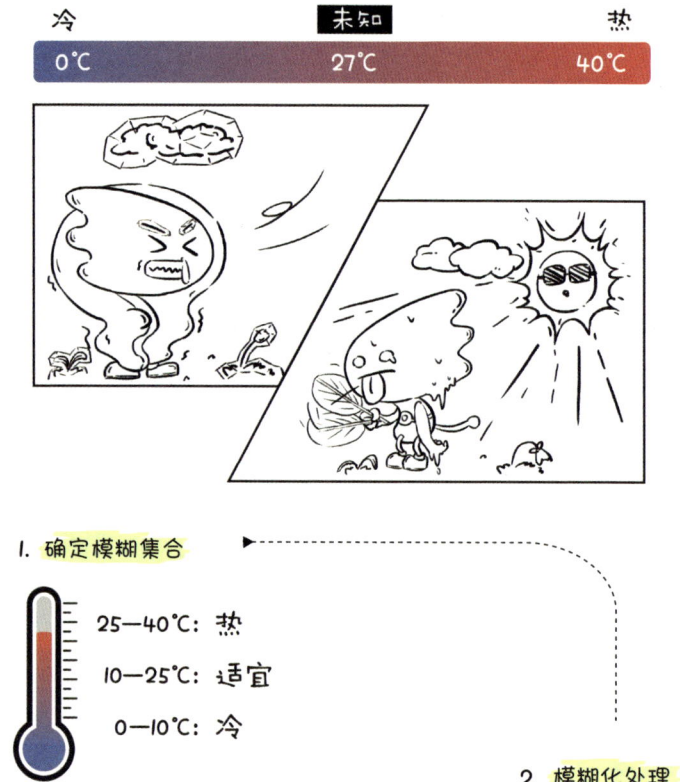

1. 确定模糊集合

25—40℃：热
10—25℃：适宜
0—10℃：冷

2. 模糊化处理

通过特定的隶属函数，取出27℃对这三个集合的隶属度。

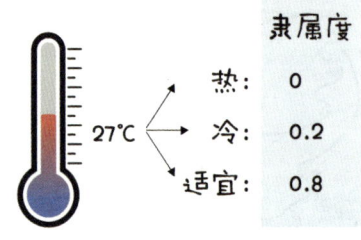

3. 模糊推理

根据模糊逻辑规则选取隶属值最大的模糊集合，所以27℃对科奇来说是"适宜"。

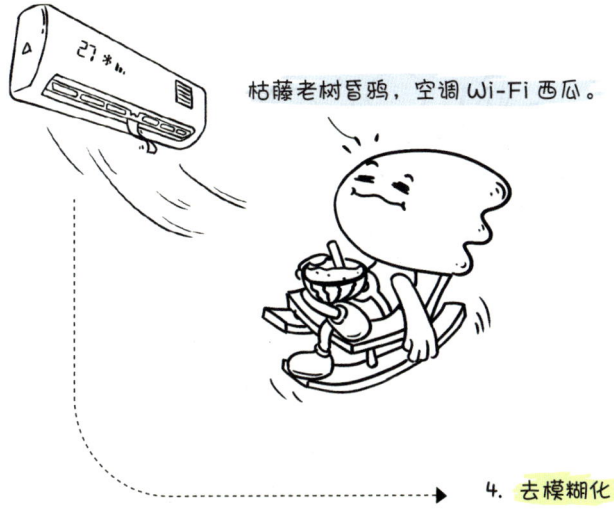

枯藤老树昏鸦，空调 Wi-Fi 西瓜。

4. 去模糊化

将模糊的控制策略转换为具体的操作指令。

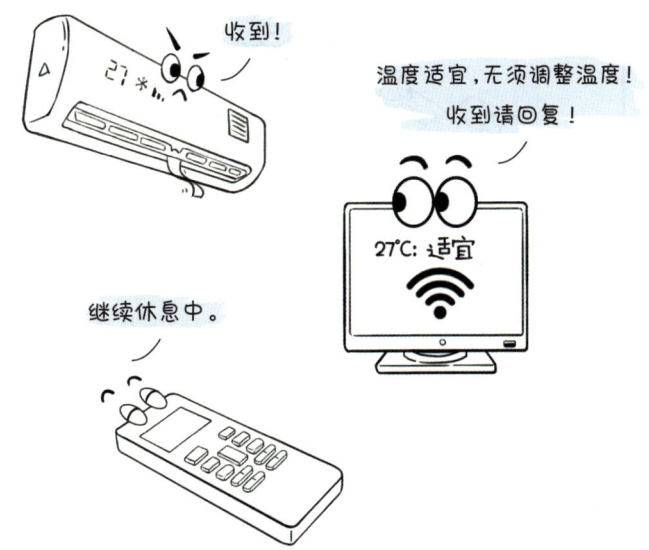

收到！

温度适宜，无须调整温度！
收到请回复！

27℃：适宜

继续休息中。

模糊计算因其强大的信息处理能力，在生活中有广泛的应用。

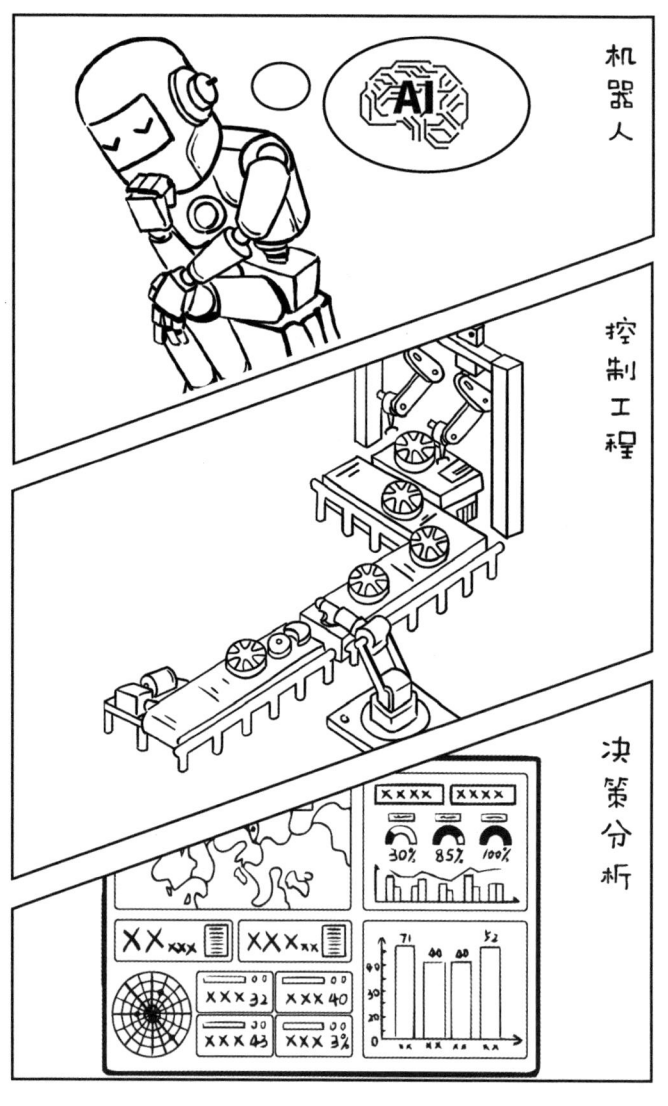

❷ 进化计算

进化计算算法的灵感来源于生物进化的自然过程，它包括遗传算法、免疫算法、蚁群优化算法等。

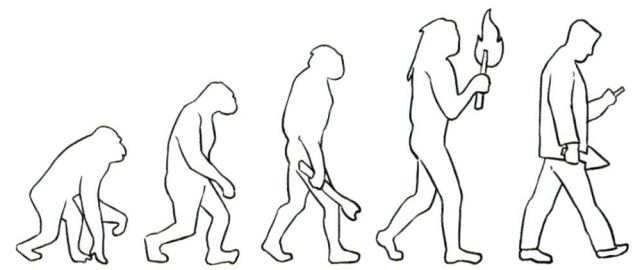

以最典型的遗传算法为例，它通过模仿自然界中物竞天择的进化过程来寻找问题的最优解，其核心操作包括选择、交叉和变异。

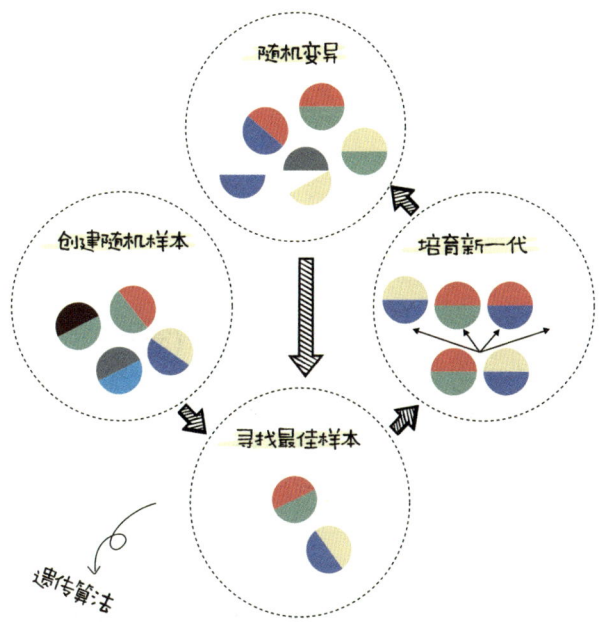

我们以一个场景为例：在一个洞穴里随机分布着一群兔子，此时有毒气体在洞中弥漫，兔子们最终的结局如何？

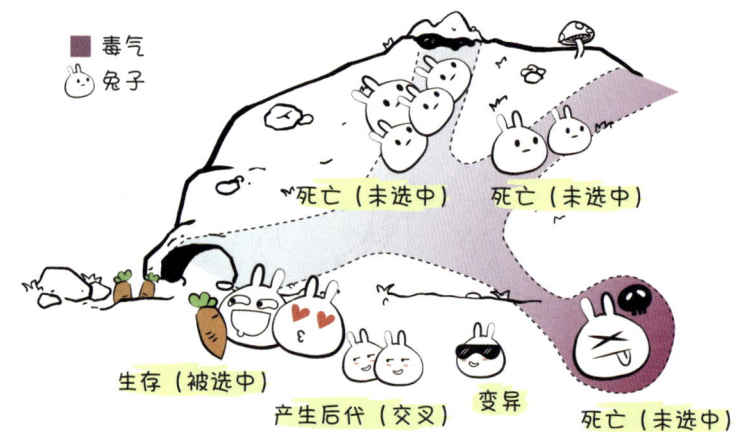

进化计算就是通过模仿生物的这些选择，帮助我们找到一个最优解，它可以应用在复杂系统的建模和仿真中，为解决实际问题提供新的思路和方法。

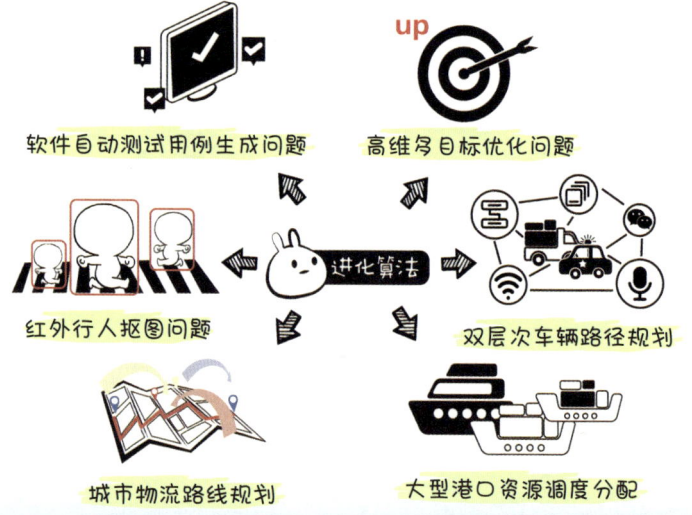

❸ 神经网络

神经网络是一种模拟人脑信息处理方式的计算方式。人脑处理信息靠的是由神经元构成的生物神经网络。

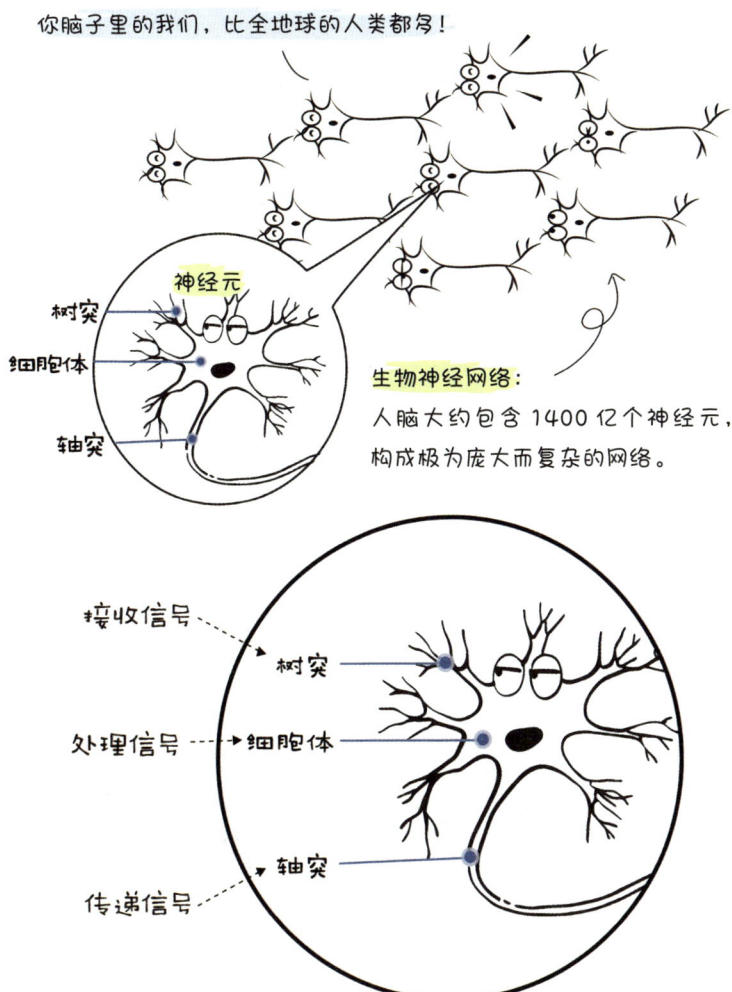

类比到神经网络,神经元就相当于计算节点,多个节点互相连接,便形成了神经网络,从而实现复杂函数的计算。

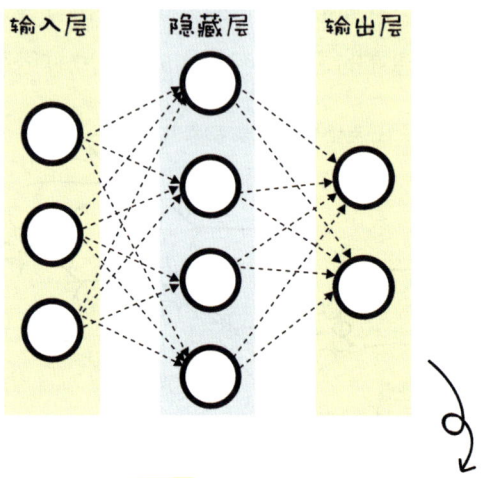

计算机神经网络:节点之间互相连接。

神经网络可以用于处理图像、语音、自然语言等多个领域的任务。

同时,神经网络还有较强的自我学习能力,可以通过训练自适应地优化模型,提高任务的准确率和效率。

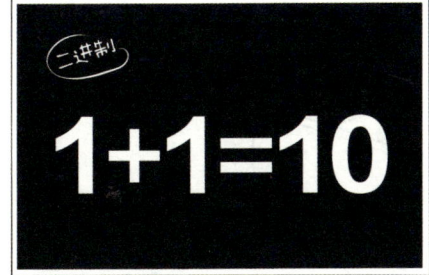

1+1 的基数为 2,因为"逢二进一",所以二进制中 1+1=10。

感知智能

随着计算机技术的发展,感知智能技术得到了广泛的应用,机器正学着"看"懂世界。

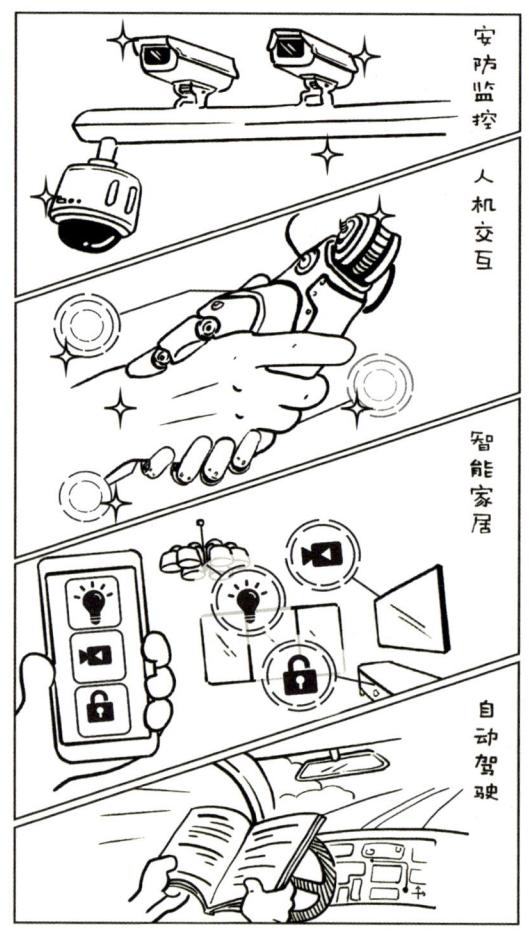

听起来很厉害啊,那什么是感知智能呢?

1 什么是感知智能？

感知智能是一种模仿人类感知能力的人工智能技术，它通过使用传感器和算法来感知和理解环境中的信息，从而使机器能够感知和响应周围的情况。

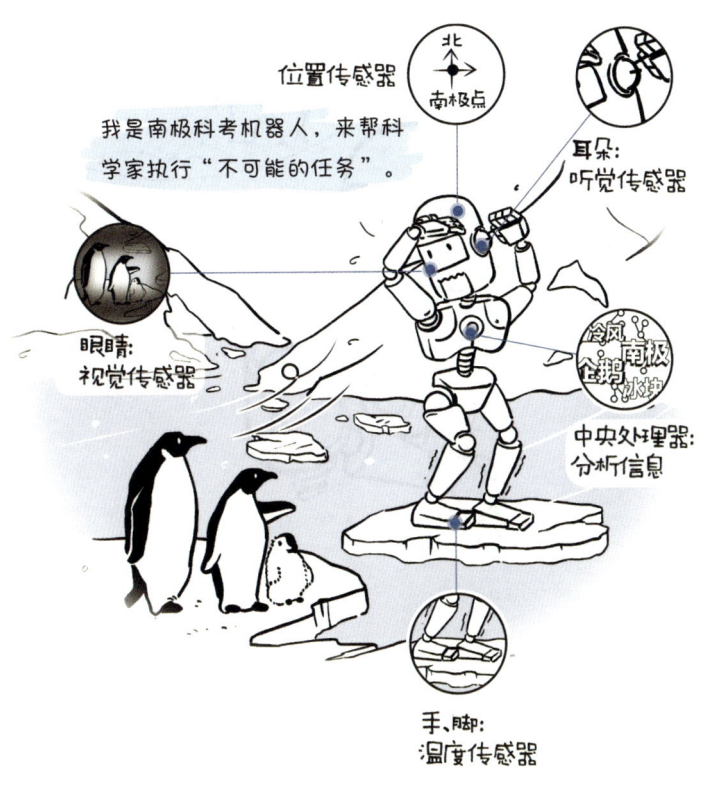

这些信息会被传输到中央处理器,等着进行"全身体检"。最后的分析结果可以为科学家们提供极具价值的信息资料。

除了上面提到的几种感知智能,还有气体感知智能等,它通过气体传感器获取环境中的气体浓度等信息,并进行相应的分析和理解。

我明白了！机器人会通过不同的传感器来收集环境信息，它的大脑又会对这些信息进行分析，这样就拥有了和人一样的感知能力。

是的，感知智能依赖于各种传感器和计算智能算法，它强调对现有数据而非传统数据库的处理分析，具有三大特点。

❶ 多模态性

感知智能可以通过传感器获取多种感知模态的数据，如视觉、声音、触觉等，从而提高对环境的感知能力。这也恰好说明与传统的计算方法相比，它更灵活且适应性也更强。

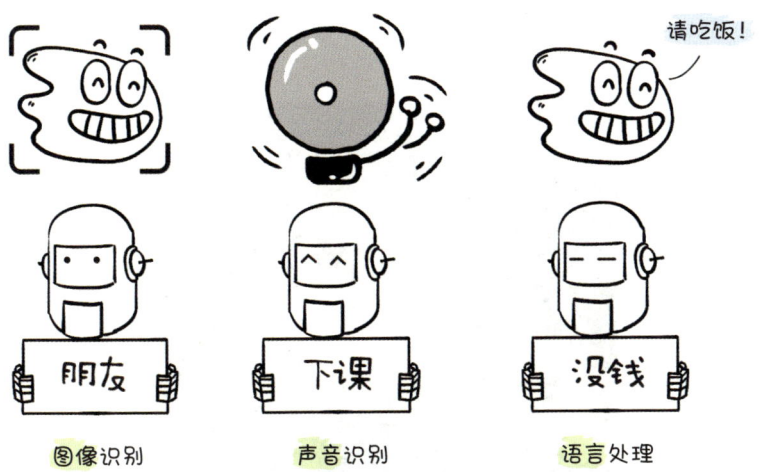

图像识别　　声音识别　　语言处理

❷ 数据驱动

感知智能依赖大量的数据来进行感知和理解。

❸ 实时性

感知智能需要在实时或接近实时的情况下对环境进行感知和响应。

2 感知智能和计算智能的区别

感知智能指人类和动物所拥有的感知能力,能够用于应对周围世界的变化。

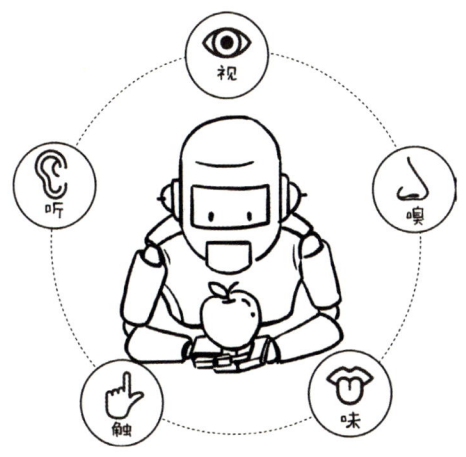

计算智能指的是计算机快速计算和记忆存储的能力。

因此,两者的主要区别在于其处理的数据类型和解决问题的方法。

感知智能主要处理的是非结构化数据,使用各种预定义的模型和算法来解决问题。

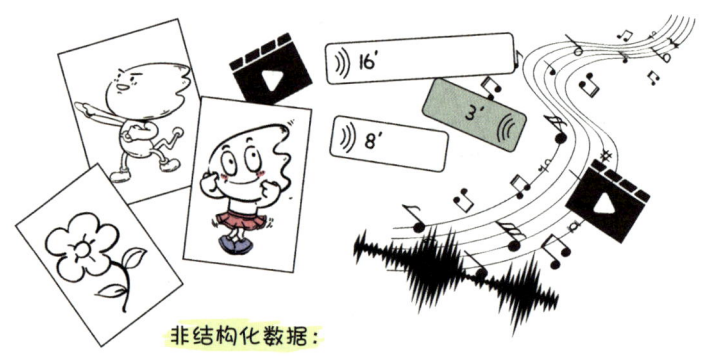

非结构化数据:
模型理解起来比较困难的数据形式,没有固定的结构。

就像我们可以用不同方式来表达同一语义。比如一句"谢谢你"、一张贺卡,都可以表达感激。

计算智能则主要处理结构化数据，使用机器学习和深度学习等算法来训练模型并进行决策。

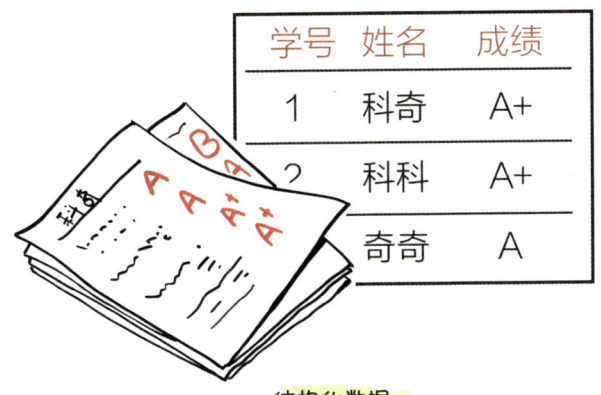

结构化数据：
适合模型学习的数据，有规整的结构，比如记录好了姓名和成绩的期末成绩单。

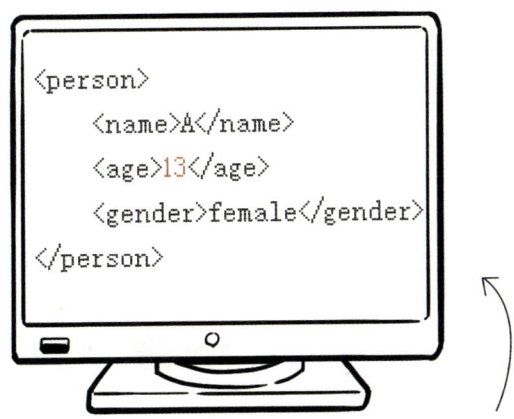

此外，还有一种半结构化数据，"长"成了我们不常见到的模样。

感知智能提供了计算智能所需的数据和信息,而计算智能则可以对感知智能的结果做进一步的分析和处理。两者相互结合和协同工作,不断实现更高级的智能功能。

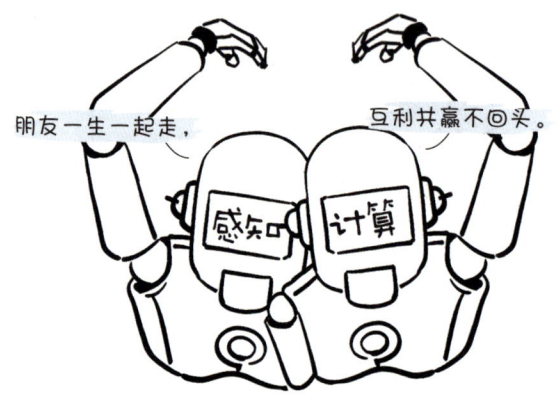

3 感知智能的发展

感知智能的历史可以追溯到 20 世纪 50 年代末和 60 年代初,当时的研究主要集中在图像和语音识别方面。

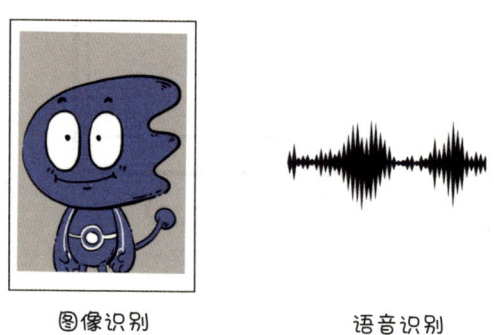

图像识别　　　　　语音识别

在接下来的几十年里,随着计算机技术和机器学习算法的发展,感知智能逐渐成为人工智能领域的热门话题之一。

❶ 1959 年:
美国心理学家弗兰克·罗森布拉特发明了感知机算法,这是第一个具有学习能力的神经网络算法,可以用于图像和模式识别。

弗兰克·罗森布拉特

❷ 1979 年:
英国神经系统学家与心理学家大卫·马尔提出了"计算视觉"理论,探讨了计算机感知和理解视觉信息的方法和原理。

大卫·马尔

❸ 20世纪80年代：
出现了一系列新的感知智能算法，
这些算法使感知智能得到更广泛的应用，
比如图像处理中的边缘检测算法。

边缘是物体的重要特征之一，通过提取图像中的边缘信息，
可以帮助识别物体并进行进一步的分析和处理。

❹ 20世纪90年代：
深度学习兴起，神经网络算法开始被应用在感知智能领域，
取得了重要的进展。

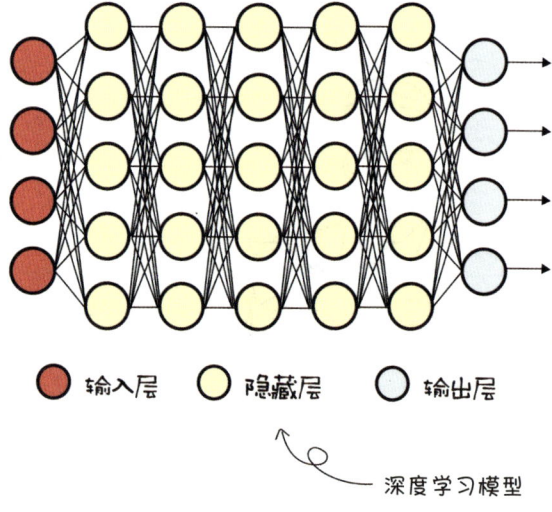

● 输入层　　○ 隐藏层　　○ 输出层

深度学习模型

❺ 21 世纪初:
大量数据和计算资源的可用性不断提高,
使得感知智能更广泛地应用于实际问题中。

现今,随着物联网和无线通信技术的发展,无线感知成了感知智能领域的一个重要分支。

无线感知智能家居对你体贴入微。

4 智能感知如何实现？

感知智能涉及多种关键技术，由于各类传感器获取的信号不同，因此在处理信号上会有一定差异，但实现路径都大体相同，通过传感器收集信号，再通过算法模型分类和理解信号。

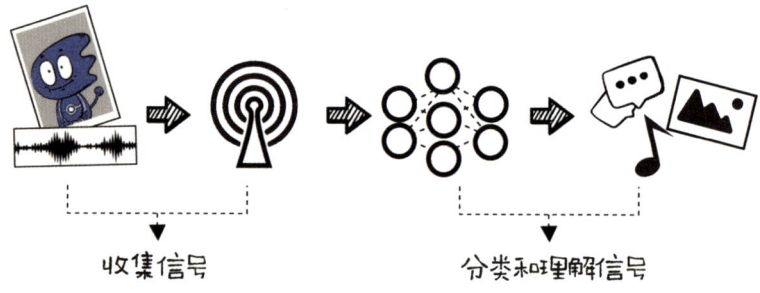

收集信号　　　　　分类和理解信号

我们以视觉和声音信号为例，看一看感知智能是通过什么技术实现的。

❶ 计算机视觉技术

计算机视觉技术是感知智能中的一项技术，需要使用各类专业拍摄设备收集图像数据，计算机会对图像的像素点进行特征提取和处理，从而"看"懂图像。

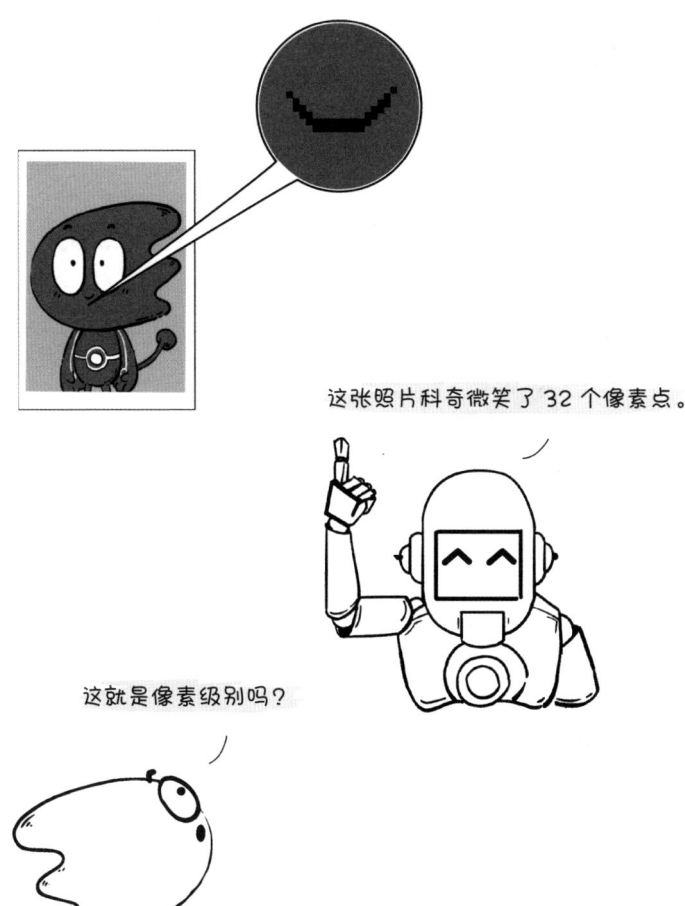

这张照片科奇微笑了32个像素点。

这就是像素级别吗？

提取图像特征的方式因具体任务而异,就像人的眼睛一样,计算机视觉技术不仅可以识别人脸,还可以识别并提取图像中的物体、文字等信息。

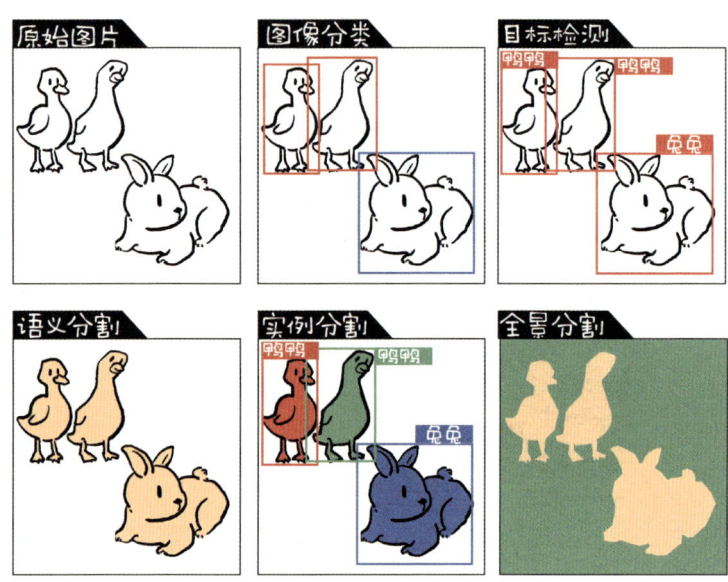

计算机视觉技术可以帮助计算机理解和分析图像、视频和其他视觉输入信号。

❷ 语音识别技术

语音识别技术是一种让计算机听懂人类说话的技术,它将我们说的话转换成文字,让计算机能够理解和处理语音指令。

手工录入　　　　　　语音识别录入

✱ 语音识别流程

❶ 麦克风会采集我们说话的声音。

❷ 通过信号处理技术将声音转化为数字信号，进而提取出声音的频率、时长和强度等信息。

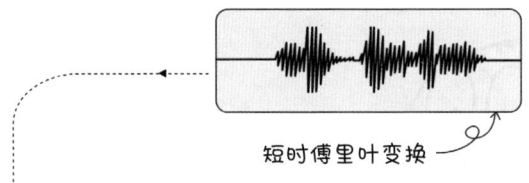

短时傅里叶变换

❸ 再利用事先训练好的模型进行比对和匹配，找到最匹配的词语或句子，并将其转换成文字。

❹ 这些文字被计算机进一步处理和理解。

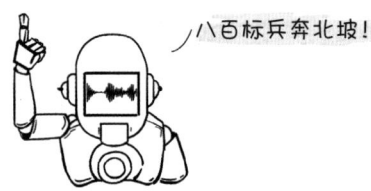

❸ 无线通信和感知技术

无线感知技术是指利用无线通信技术进行环境感知、物体识别、位置跟踪等操作的技术。

有线感知

无线感知

从Wi-Fi的诞生到5G的出现，无线感知技术在不断发展。

❶ 1997年：
无线局域网技术诞生。

❷ 1999 年：
蓝牙技术问世。

❸ 2003 年：
毫米波雷达技术实现了无线感知在人体识别和距离测量方面的突破。

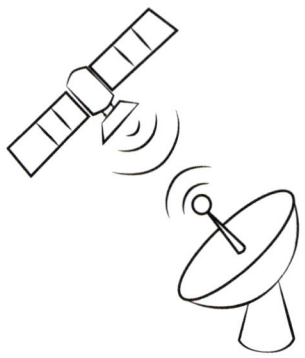

❹ 2005 年：
GPS（全球定位系统）技术得到普及。

❺ 2010年：

无线传感器网络（WSN）技术开始应用于环境感知和智能控制领域。

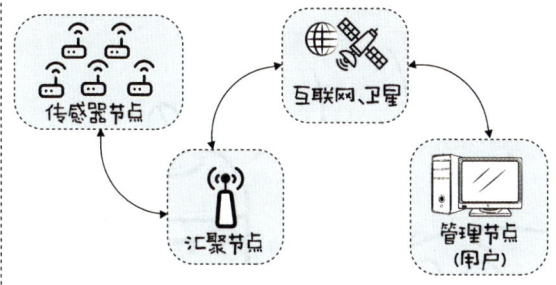

❻ 2015年：

无线感知技术可以在一个信号频段内实现设备之间的互联和数据交互，广泛应用于机器对于外部环境的感知。

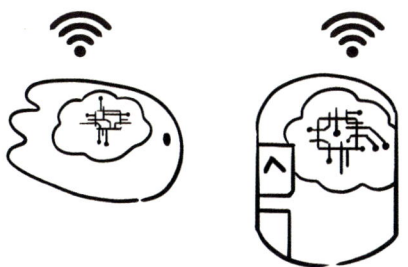

例如，自动驾驶技术就充分利用了摄像头、毫米波雷达对外部环境和其他车辆的速度、距离进行感知及计算。

近期，这些技术也被用于人机交互中。

例如，毫米波雷达可以感知人的呼吸、心跳，因此作为无接触的安全工具应用于医疗领域中。

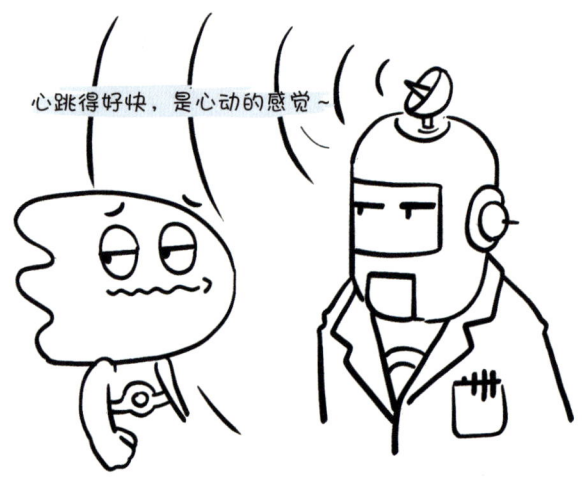

还有基于深度摄像机的体感游戏机、可以支持手势控制的手机等，都是基于不同类型的传感器获取信号之后进行感知计算。

无线感知技术拓宽了感知智能的应用空间,为社会运作带来了更多便利。

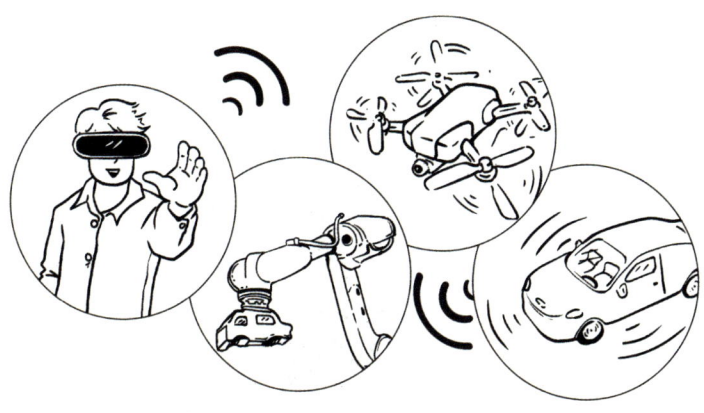

认知智能

当有人问起西瓜和苹果哪个重的时候,你会怎么回答呢?

我们能这么快回答出来,肯定不是给苹果和西瓜称过重才知道的。

实际上，问题一听完，我们的脑海里就会浮现两者的形象，再稍加思索就能判断出来了。

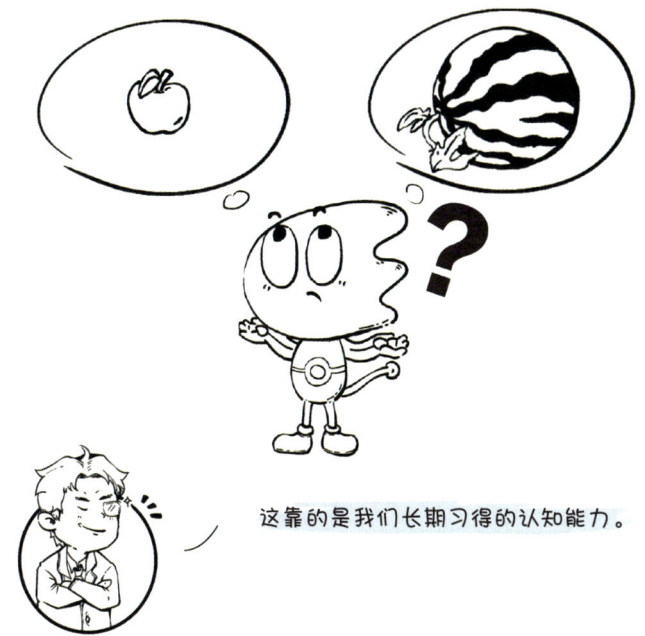

这靠的是我们长期习得的认知能力。

所以，在拥有了计算和感知智能后，机器想要更像人，就需要获得认知能力。

思考　　　学习　　　推理

认知，人类的标配。

1 什么是认知智能？

认知智能是指可以模拟、复制人类思维方式的人工智能技术。有了认知智能，计算机就可以像人类一样感知、理解、推理、学习和解决问题啦！

目前，一些先进的技术已经在认知智能领域得到广泛应用，但是尚未实现真正人类级别的认知智能。

认知智能一共分成六步，从理解开始，逐层递进，通过不断循环来更新认知系统。

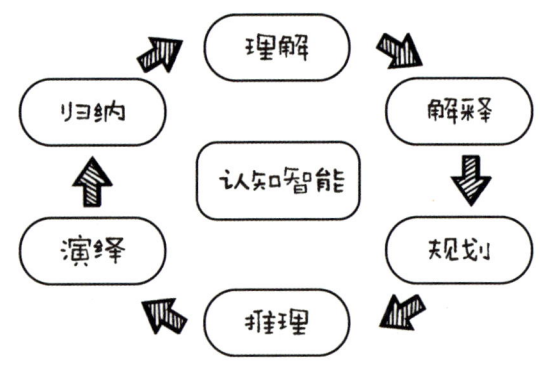

也可以简要概括为"理解—分析—决策"三步哦。

认知智能大致经历了以下几个阶段的发展。

❶ 20 世纪 50 年代至 60 年代：
美国计算机科学家艾伦·纽厄尔和赫伯特·西蒙提出了"逻辑符号处理"理论，为认知科学的发展奠定了基础。

通俗来说就是确定了计算机的工作语言。

❷ 20 世纪 70 年代至 80 年代：
基于知识表示和推理的专家系统成为研究热点，人们开始探索模拟人类推理和决策的方法。

要下雨啦，要提醒那个不看天气的人类收被子了。

❸ 20世纪90年代至21世纪初：
神经网络、遗传算法和粒子群算法等新的算法逐渐应用于认知智能领域，语音识别、自然语言处理技术等也开始得到应用。

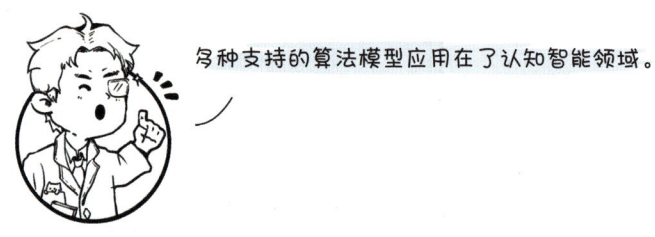

多种支持的算法模型应用在了认知智能领域。

近年来，机器学习、深度学习、自然语言处理和智能机器人等技术得到了快速发展，为认知智能的实现提供了更加强大的支持，相信未来计算机将会拥有更强的感知、理解和决策的能力，为人类创造更多的价值。

② 认知智能如何实现？

目前，认知智能的主要发展方向是自然语言处理和知识图谱。除此之外，更高阶的是情感识别技术。

❶ 自然语言处理

认知智能要想达到类人智能的阶段，学会处理自然语言是必备技能。

懂你的人不言而喻。

自然语言处理（NLP）是研究人类语言与计算机之间交互的一项技术领域，它可以让计算机更好地理解和处理人类语言。

机器是如何理解这些文字的呢？

早期的过程其实和语文中的语法分析类似，先通过词法分析和句法分析，再通过知识抽取建立它们的关系，最后得出语义。

✦ 词法分析：标注词性。

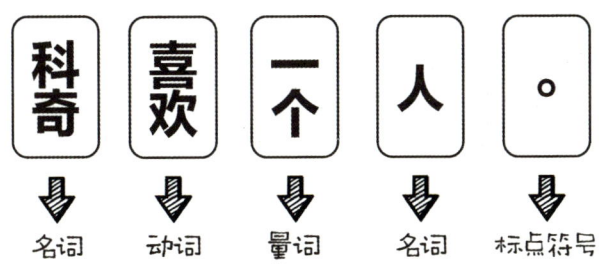

✦ 句法分析：

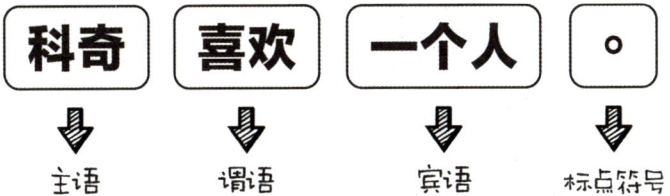

✦ 知识抽取：

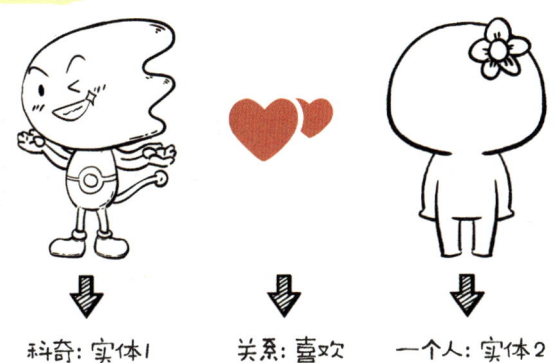

✱ 语义分析（知识抽取）：

结果1：科奇只喜欢一个人。

结果2：科奇喜欢一个人待着。

结果3：科奇喜欢的人是哪个？

后期在海量数据训练加持下,语法分析的工作被隐式学习到了,如同 2 岁儿童不需要明白语法是什么,但可以说出语法正确的语句一样。

但文本信号是序列信息,上下文的依存性很高。因此,很长时间里,科学家都在研究讨论如何让计算机理解长序列信息且不遗忘。

❷ 知识图谱

知识图谱本质上是一种结构化的语义知识库,目的是让计算机能够快速地从大量的信息中提取有用的知识。

知识图谱通常由实体和实体之间的关系组成,这些关系可以用图形结构表示,就算只是出门旅游一趟,也能建立一张简单的知识图谱。

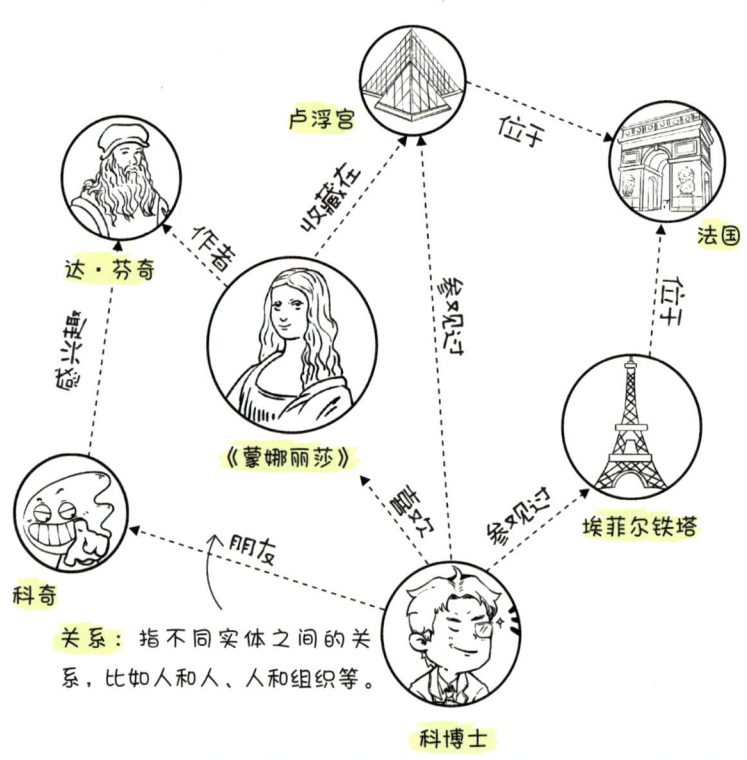

建立一个知识图谱就是加工整理错综复杂的数据，我们以建立中国科幻电影知识图谱为例。

首先需要搜集好中国科幻电影的信息，如名称、导演、评分等，这些就是知识图谱里的实体，进而整理它们之间的关系，形成知识图谱。

❶ **信息搜索**：搜集范围内电影的所有信息。

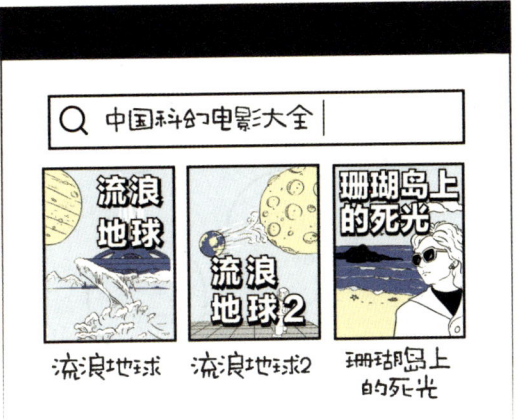

❷ **实体识别**：识别电影名、导演、评分等实体。

电影名 ———— 流浪地球
导　演 ———— 享啾
主　演 ———— 吴京 / 屈楚萧 / 李光洁 / 吴孟达 / 赵今麦
评　分 ———— 7.9分

❸ **关系抽取**：为实体建立关系。

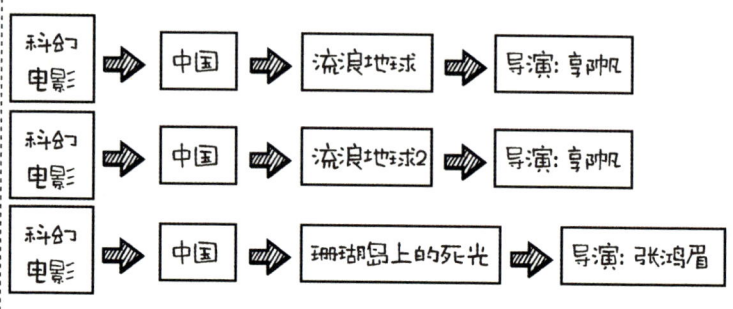

❹ **实体匹配**：将不同数据源中的同一实体进行匹配。

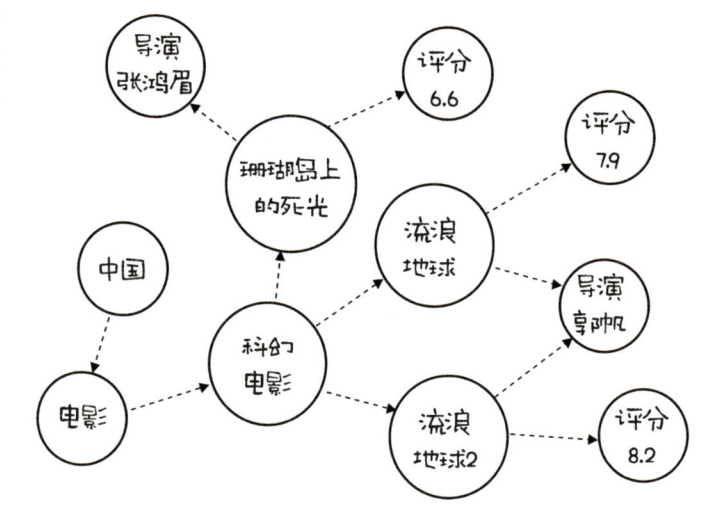

❺ 知识响应和推理

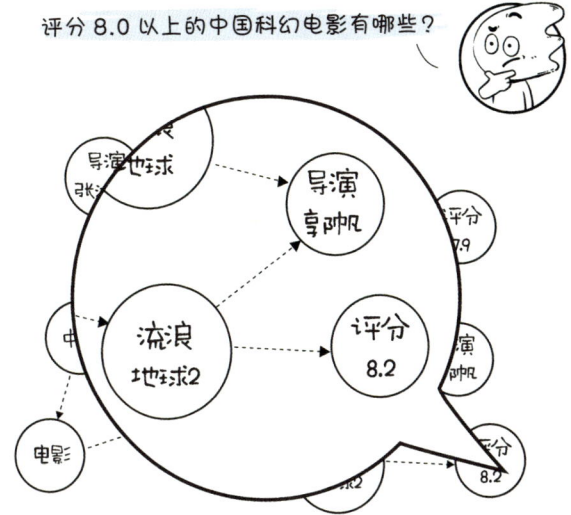

知识图谱可以用于问答系统、个性化推荐、情报分析等应用场景。

✈ 反欺诈情报分析

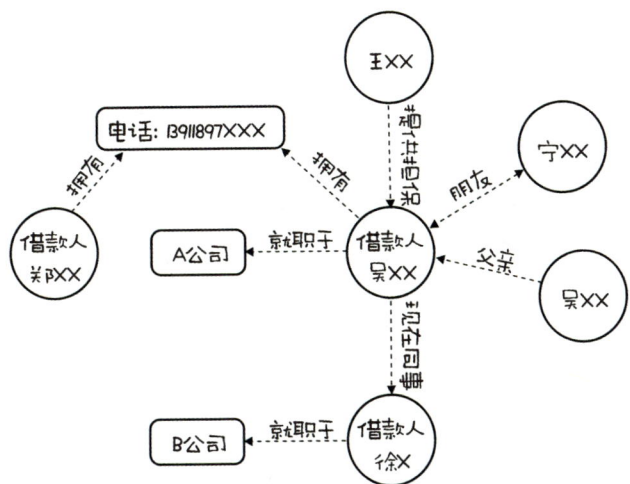

❸ 多模态情感识别

目前，机器已经基本能理解人类的语言了，情感分析将是未来的重要研究方向。虽然准确来说，情感分析不属于认知智能，但认知智能的实现离不开情感智能。

情感识别有两种方式,一种是检测生理信号,如呼吸、心律和体温等;另一种是检测情感行为,如面部表情识别、语音情感识别和姿态识别。

厌恶上学　　　　　三心二意　　　　　有气无力

✦ 情感识别流程

❶ **数据预处理**：
将数据处理成计算机能理解的格式。

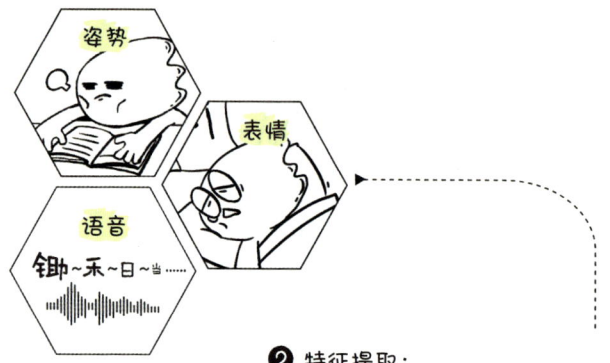

❷ **特征提取**：
通过算法提取关键特征，将信息进行分类。

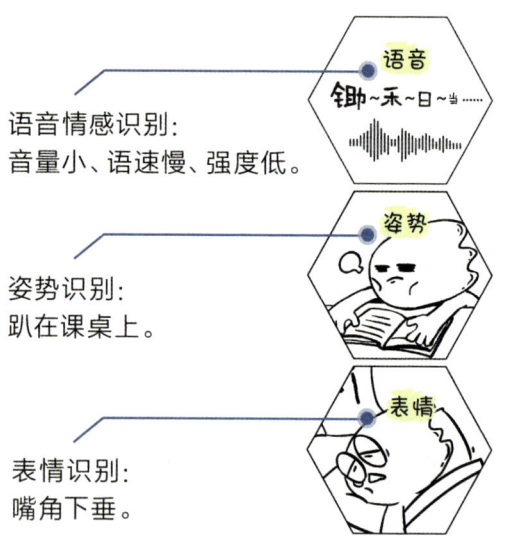

语音情感识别：
音量小、语速慢、强度低。

姿势识别：
趴在课桌上。

表情识别：
嘴角下垂。

❸ **模型训练:**
通过算法提取关键特征,将信息进行分类。
(使用人工智能算法对输入的句子数据集进行训练,得到模型。)

语音感情识别完毕!
姿势识别完毕!
　表情识别……

❹ **评估和优化:**
评估模型准不准,并作出相应调整。
(识别的结果并非每次都非常准确。)

科奇今天的状态:
厌恶上学、听课不认真、
有气无力、饥饿!

情感识别技术可以用于诊断和治疗心理健康等问题。

3 认知智能难在哪里?

科博士,人工智能越来越像人了,以后会不会取代人类啊?

哈哈哈,假如真的有那一天,认知智能也得克服很多技术壁垒呢。

❶ 知识表示和推理

计算机需要将知识转化为适合自身理解和处理的形式,并进行推理,这需要建立更加复杂的知识表示和推理模型。

你说得这么不清楚,我实在没办法理解。

❷ 语义理解

人类能够根据上下文和语境理解语言,但对计算机来说,这仍然是一个难点,需要计算机能够理解语言的含义和语境。

❸ 创造力和想象力

计算机需要具备创造力和想象力，能够像人类一样产生新的思路和想法。

❹ 伦理问题

随着认知智能的发展，相关的伦理问题逐渐暴露，例如隐私保护、道德问题等，解决这些问题迫在眉睫。

4 认知智能、计算智能、感知智能三者是什么关系?

从计算智能到感知智能,是人工智能对世界的初步感知阶段,而从感知智能到认知智能,将是人工智能真正理解和认识世界的成熟阶段。

✭ **计算智能:** 快速计算和记忆存储能力。

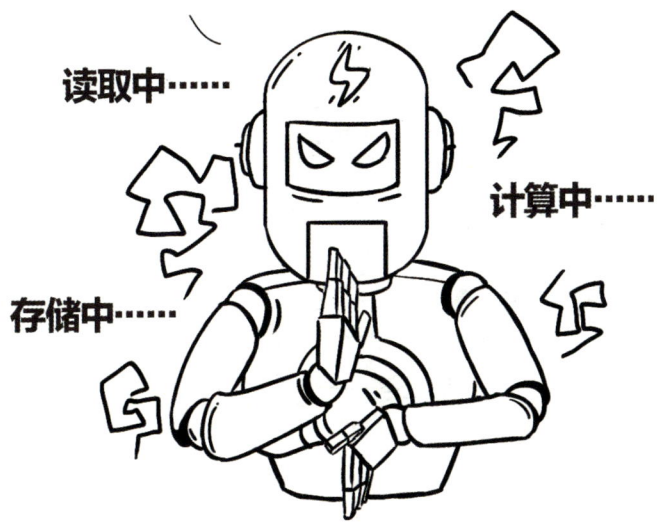

✦ **感知智能**：视觉、听觉、触觉等感知能力。

眺望远方，机器人也有诗和理想。

✦ **认知智能**：理解、思考、推理等认知能力。

推理，破案我最在行！

哦哦！原来是按照计算—感知—认知的顺序发展的！

生成式人工智能

在了解计算智能、感知智能和认知智能三个层次后,你应该还会问:人工智能发展得怎么样了?

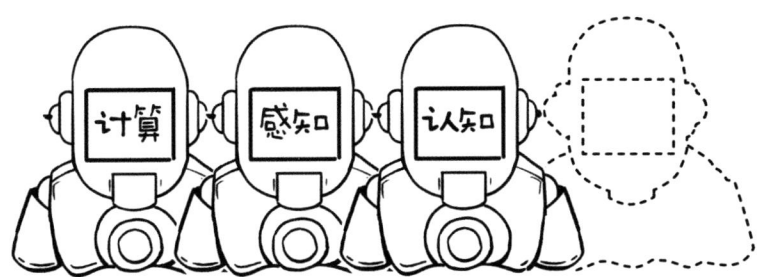

2022 年 11 月,ChatGPT 问世引发巨大轰动。一时间人工智能成了最热门的话题。

有人说我是最智能的聊天机器人,还有人说我是高阶的浏览器……

1 什么是生成式人工智能？

生成式人工智能简称 AIGC，是一种基于深度学习技术的人工智能模型，能够模拟人类的创造性思维，生成具有一定逻辑性和连贯性的语言文本、图像、音频等内容。ChatGPT 就是最具代表性的 AIGC 之一。

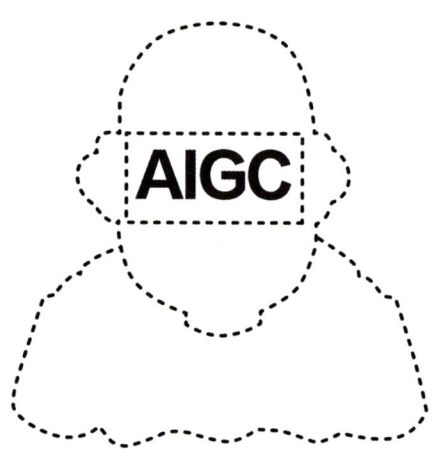

生成式人工智能还有个江湖昵称叫"大模型"。

AIGC 可以应用在多个领域，能极大地提高生产效率。

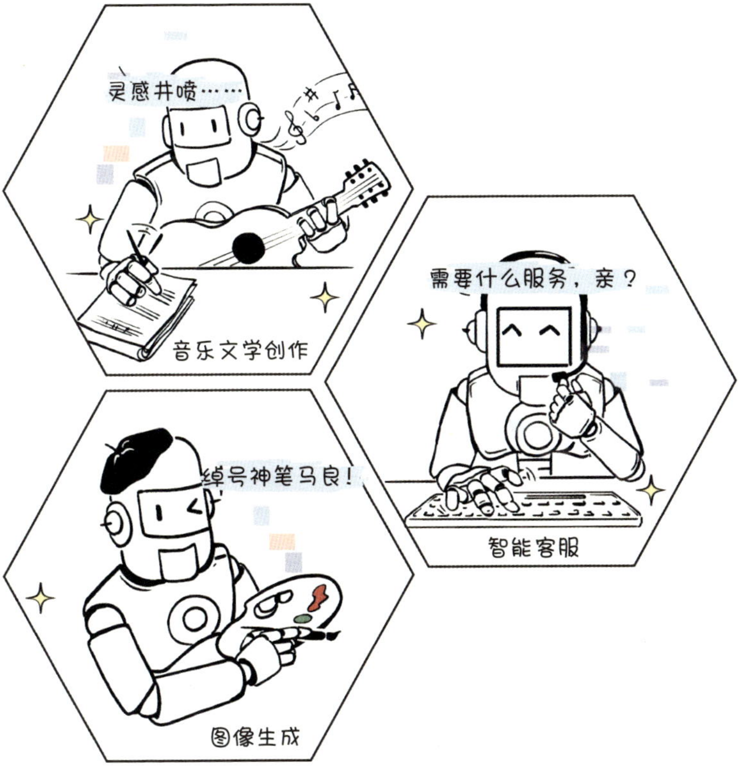

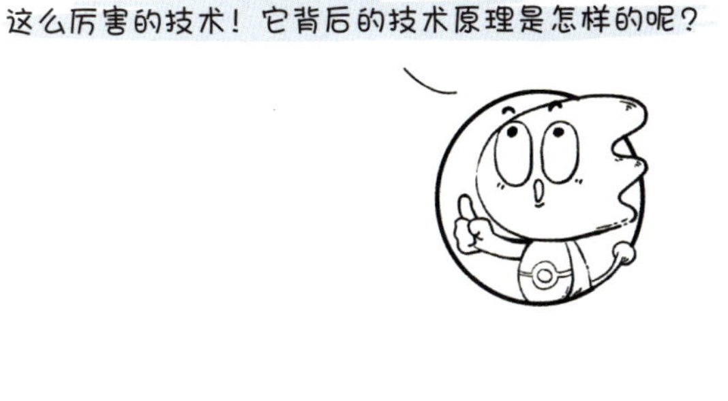

这么厉害的技术！它背后的技术原理是怎样的呢？

2 AIGC 的工作原理

总的来说，一个 AIGC 的建立大致需要经历"数据预处理—模型训练—数据生成"的过程，但若想真正投入实际应用，还需要数次微调。

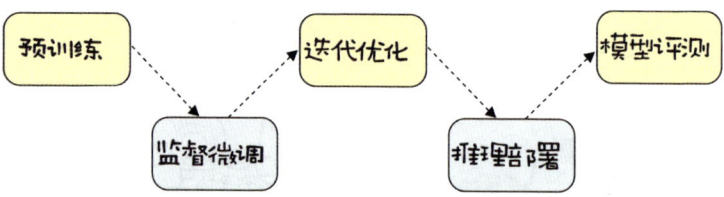

其中最重要的要数模型训练了，ChatGPT 等生成式大模型训练的关键技术之一就是人类反馈强化学习。

顾名思义，这是一种人类指导和自动强化学习相结合的训练方法，人类通过对机器人的行为进行评价和指导，帮助其在学习过程中作出更好的决策。融入人类反馈的方式主要有两种。

❶ 直接比较机器的行为

类似于你问机器一个问题,它给你两个回答,人可以评价哪个回答比较好。

提问!为什么多喝牛奶能长高?

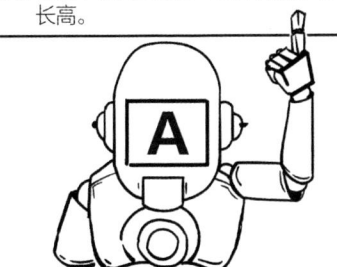

A: 牛奶中富含钙和维生素D,能帮助长高。

B: 牛奶富含钙和维生素D,有益骨骼健康,每天喝奶有益儿童体格发育和骨骼健康,帮助长高。基因是影响孩子身高最主要的因素。除此之外,营养状况、运动情况也会影响身高……

答案B真优秀!

❷ 帮助机器纠正反馈

在机器作决策的时候，人可以示范正确的行为，机器则会从人的行为中学习如何正确决策。

人类的反馈不仅可以避免机器在学习初期犯很大的错误，而且能指导机器迅速朝着正确的方向学习。

以复旦大学开发的国内首个开源对话语言模型 MOSS 为例，模型首先要学习我们提供的提示词，接着难度提升，提示词中会嵌入背景、工具和行为，以训练模型日常对话的能力，如果对话效果不好，还需要对这一过程进行微调。

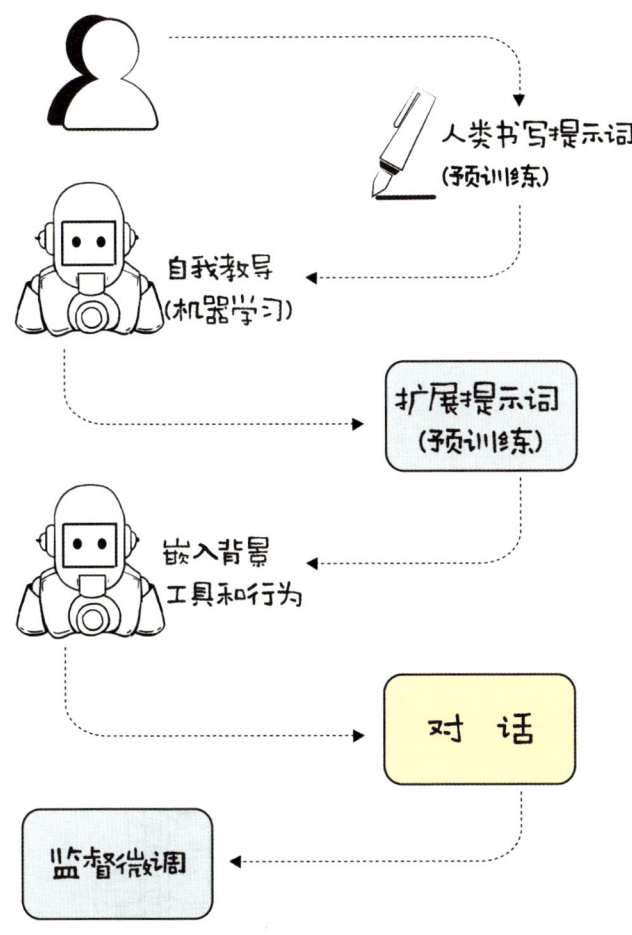

生成式模型的目标是从输入的数据中学习并生成与之相似的新数据,因此训练模型第一步就是给算法提供大量数据,而分析数据的模式和相互关系就是它的学习任务。

机器人要学习的数据包括文本、代码、图像、音频等。

模型的性能在很大程度上取决于训练数据的多少。通常情况下,模型的性能随着训练样本的增多而提高。

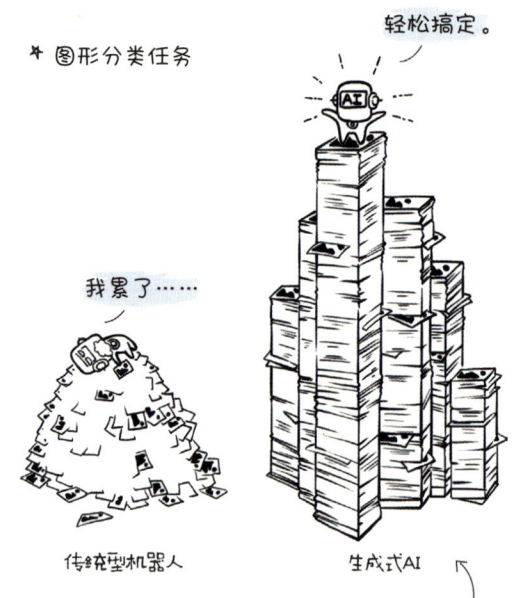

训练传统型 AI 需要的数据集大概是百万张图片,生成式 AI 则达到了亿万张。

所以数据很像负责教授知识的"老师",而模型则是能举一反三的"学生",它从数据中学习模拟人类生成内容的能力。

教授知识的数据老师。

超爱学习的模型学生。

当然,这个"学生"并不能听懂所有内容,所以"老师"需要不断调整参数便于"学生"理解,不然,"学生"就会交出不合格的"作业"。

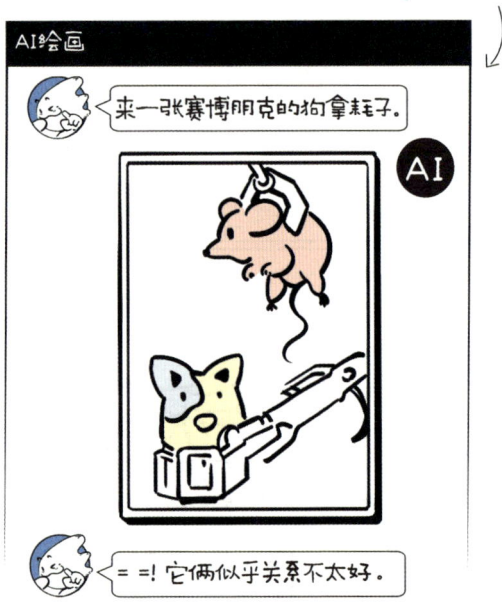

3 AIGC 面临哪些挑战？

❶ 生成内容的质量和准确性

当前 AIGC 生成的内容偏简单，难以满足实际需要。

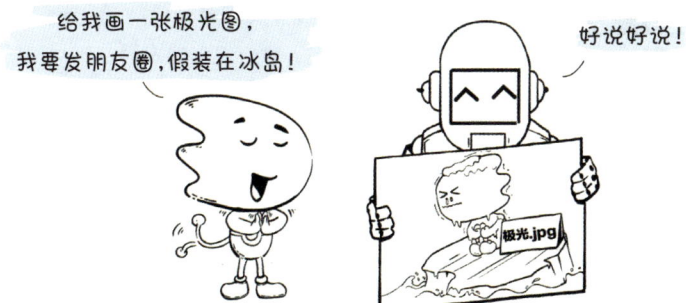

用于模型训练的数据大多是从网站抓取，由于网站数据不一定准确，因而模型作出的预测也未必准确。

我们不仅要提高模型的运行速度,还需要提高模型输出的质量和准确性,使它们更加可靠。

❷ 算力问题

计算资源的进步极大地推动了 AIGC 的发展。

人工智能的训练、推理和自学习需要处理大量数据,这对算力有着极高的要求。

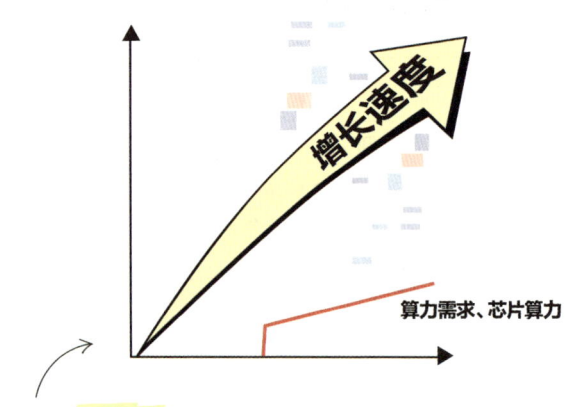

据统计,人工智能训练任务中使用的算力呈指数级增长。

❸ 知识产权的界定

随着 AIGC 技术的普及，各种问题逐步显现。例如 AIGC 产出的作品归谁所有？如果学生都用 AI 写作业怎么办？等等。

2023 年 5 月，中国出台《生成式人工智能服务管理暂行办法》，进一步规范 AIGC 的使用。

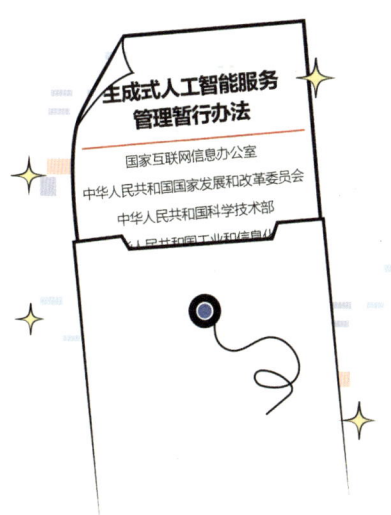

4 AIGC 是推动元宇宙发展的加速器

建立元宇宙,除了需要虚拟场景等基础元素之外,更离不开大量的数字内容,而 AIGC 的强大创作力则极大地提高了内容生产的效率。

文又生文,图又生图,数据又生数据,数字内容无穷匮也。

AIGC可用于生产文本、图像和视频等多模态内容,丰富元宇宙的体验。

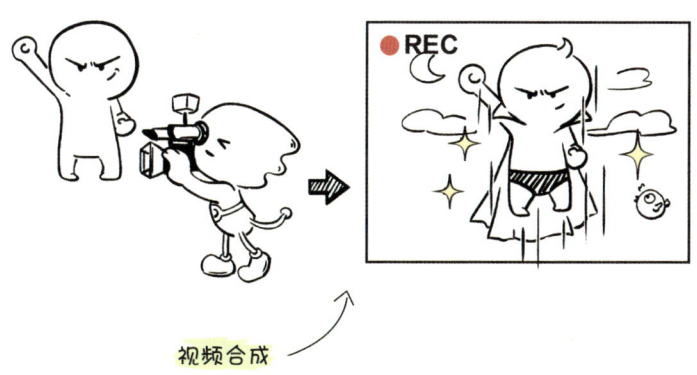

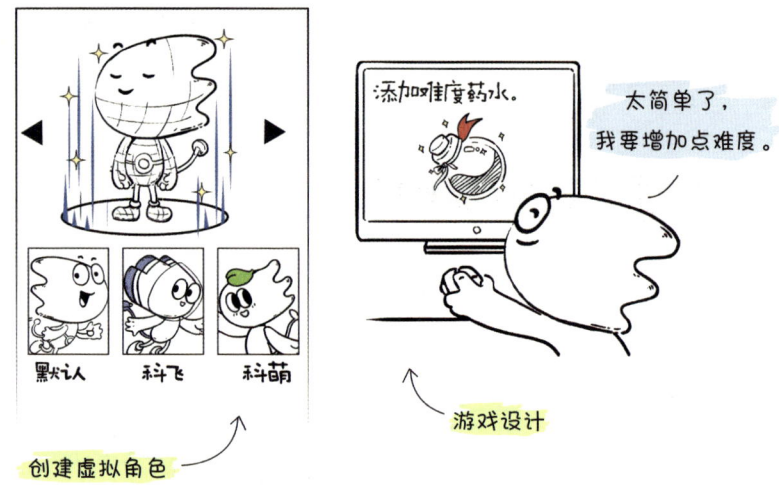

人工智能在元宇宙的应用

元宇宙的大规模应用,必然离不开计算、感知、认知智能的合力支持。

全能的聊天机器人:

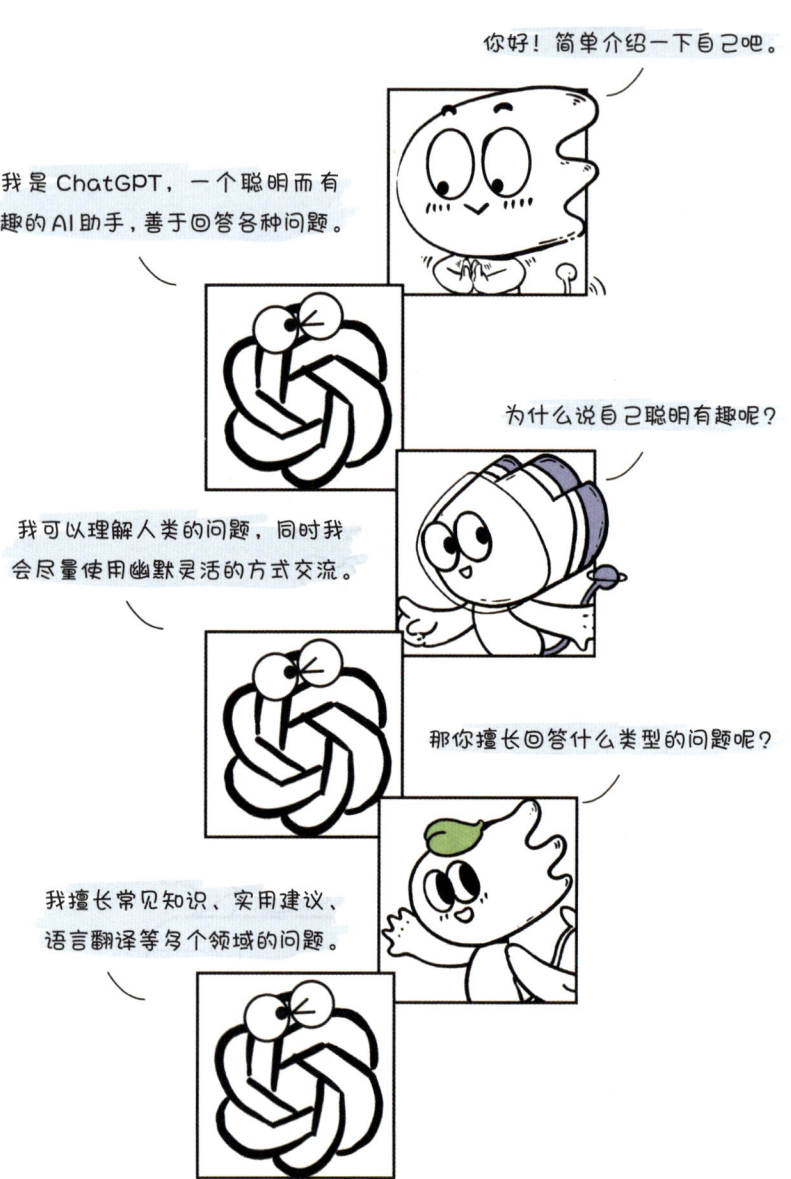

更沉浸的虚拟游戏体验：

更智能的推荐系统：

更便捷的医疗服务：

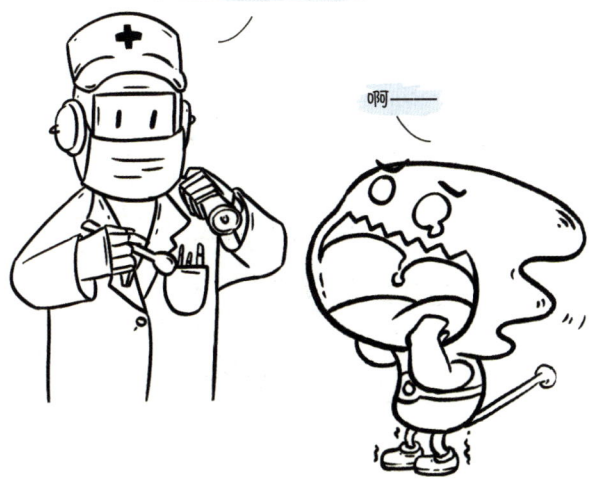

更精准的虚实交互：

在人工智能技术的帮助下，系统能自动识别用户需求和行为，作出相应的反应和控制。

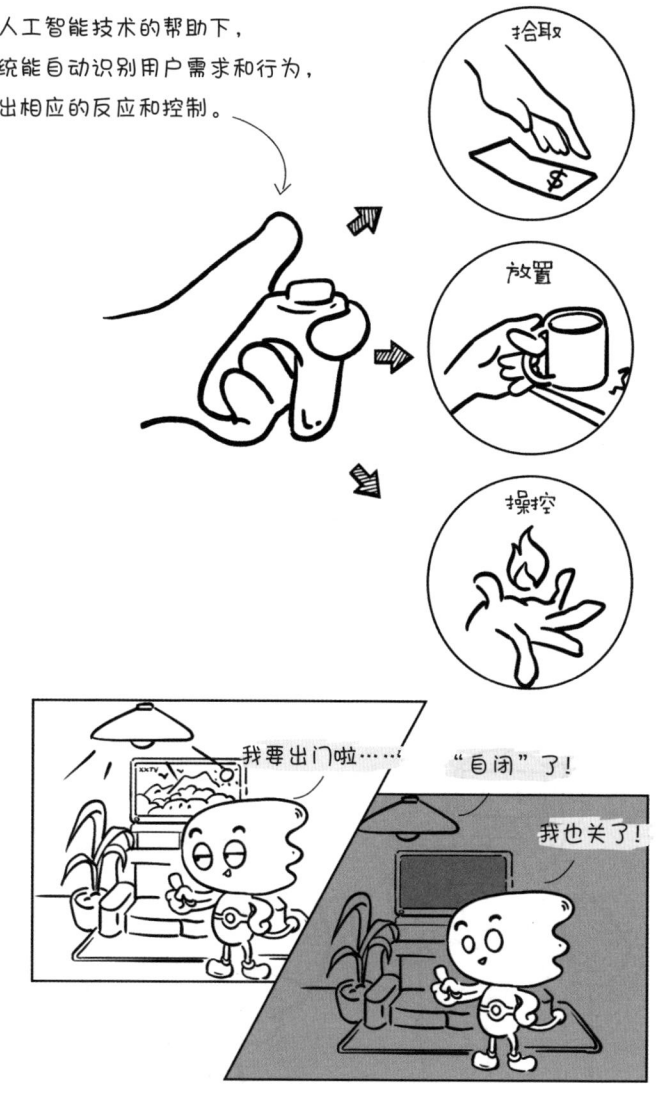

未来，人工智能将越来越成熟，与元宇宙协同加速发展，为我们的生活赋能！

结　　语
元宇宙的现在与未来

元宇宙蛰伏近 40 年，在 21 世纪 20 年代初爆发，这无疑是科技创新推动数字技术矩阵向纵深发展，促使虚实世界之间实现切换的软硬件技术和产品日益成熟的结果。

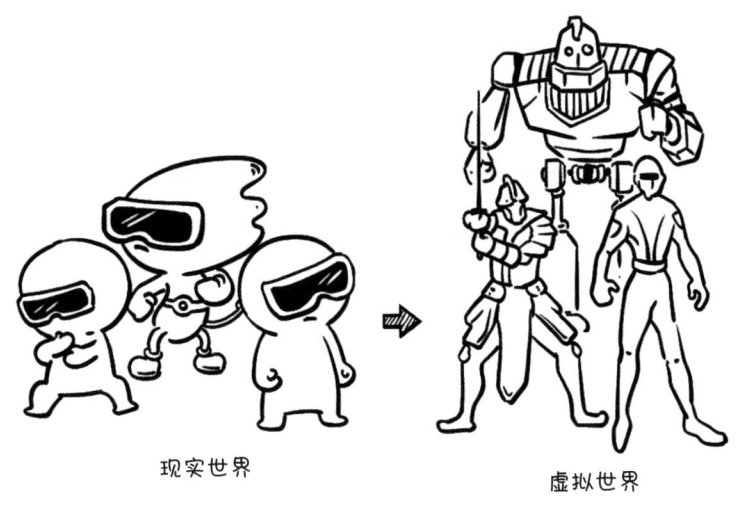

现实世界　　虚拟世界

打破次元壁！

这样一个虚实结合的新世界，集结了社会中最前沿的科学技术，对未来展开了最前瞻的想象。

1 社会与技术进步的新趋势

在技术层面,元宇宙可以被视为大数据和信息技术的融合载体,不同技术与硬件有机结合,不断迭代。

社会和公众的需求是推动元宇宙发展浪潮的主要驱动力。

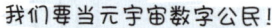

人们不再满足于简单的互联网信息交流,而要实现在任何场景下"做事"更有效率、更加精彩、更具想象力的突破。

2021年11月,微软推出了第一款元宇宙产品 Mesh for Microsoft Teams,提升了线上办公的体验。

此外,21世纪20年代,在各种游戏产品"陪伴"下成长起来的"Z世代"开始活跃在各类互联网社交平台上。

✦ Z世代用户图谱:

❶ 对互联网的理解和黏着远超其前辈。

❷ 更在意也更擅长在互联网上标记和分享。

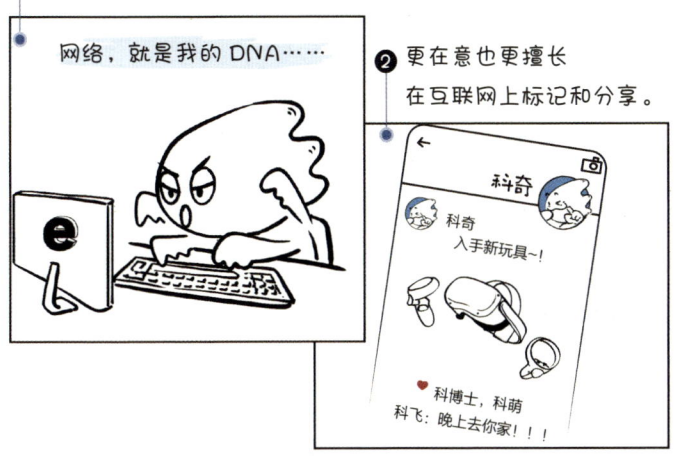

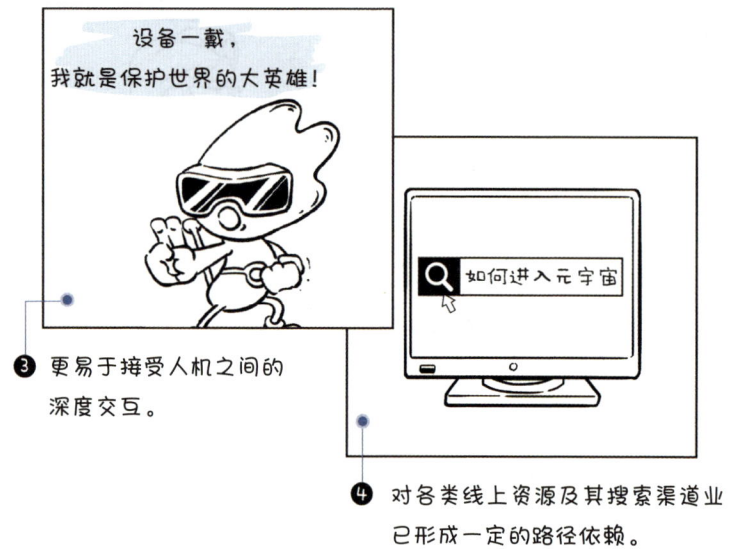

❸ 更易于接受人机之间的深度交互。

❹ 对各类线上资源及其搜索渠道业已形成一定的路径依赖。

如今，支撑元宇宙建立、运转的技术和硬件系统加快扩张、完善。无论元宇宙最终发展成什么模样，它都是在众多信息技术日趋成熟下形成的具有集成性、融合性的期望载体。

2 元宇宙能干什么？

作为一个数字世界，元宇宙有无限的可能性和创意空间，可以为人们提供更丰富、更便捷、更有趣的交互体验，同时也能够推动各个产业的数字化转型和升级。

当然，元宇宙作为一个新兴领域，目前还处于起步阶段，我们需要持谨慎和客观的态度来认识元宇宙的潜力和价值。

❶ 推动技术和基础设施迭代更新

当前,许多企业和组织正积极开发和构建元宇宙的基础设施,包括硬件设备、软件平台等。

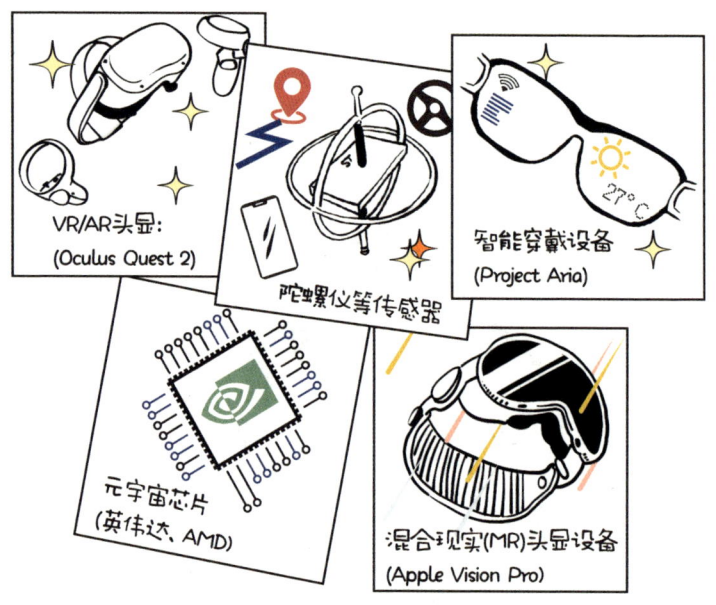

未来还将出现更多的技术突破和产品创新,为用户提供更加完美的虚实交互体验。

❷ 提供商业领域更丰富逼真的体验

元宇宙将为游戏、娱乐、社交媒体等领域带来更加沉浸式的体验，并为企业和组织提供广泛的商业机会。

电子游戏利用 VR、AR 等技术打造沉浸式的游戏空间，为玩家带来更加丰富和有趣的游戏体验。

美国 Roblox 是一个基于云端的多人在线游戏创作平台，能帮助用户轻松制作出电子游戏。

文旅方面，元宇宙可以为旅游行业带来全新的体验模式，同时也可以增加旅游业的收益。

零售方面，元宇宙可以为零售商带来更加直观的销售方式，消费者可以在虚拟的环境中试用各种商品并在线购买。

在购房时，买方无须"跋山涉水"看房，可以直接在虚拟环境中参观房屋、了解周边环境和社区设施等信息，提高购房决策的效率和准确性。

金融方面，元宇宙可以为金融业带来更加便捷的服务模式，例如虚拟营业厅、数字员工等。

这些案例都证明了目前元宇宙在商业领域的巨大潜力，我们可以期待更多商业应用场景的出现。

❸ 创设互动更强的个性化学习情境

元宇宙将会为教育领域带来许多变革。

元宇宙可以根据每个学生的学习兴趣、水平和风格来定制学习计划。

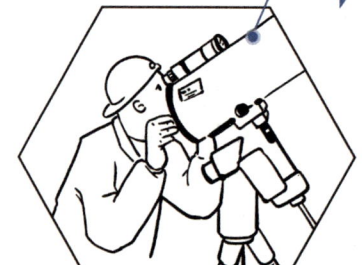

学生分析：
优　　势：天文学 数学
不　　足：生物
学习计划：向天体力学方向发展，
　　　　　物理和天文的跨学科研究。
深造方向：天体力学、宇宙化学

学生分析：
优　　势：数学 化学 生物
不　　足：文科
学习计划：参加实验室课程、科技
　　　　　展览和创客活动。
深造方向：计算机科学、机械工程

学生分析：
优　　势：生物 地理 文学
不　　足：英语
学习计划：参加地质考察和生物调研，
　　　　　加强英语学习。
深造方向：生态学、环境地理

还可以为学生提供身临其境的学习体验，让他们能够更加深入地学习课程内容。

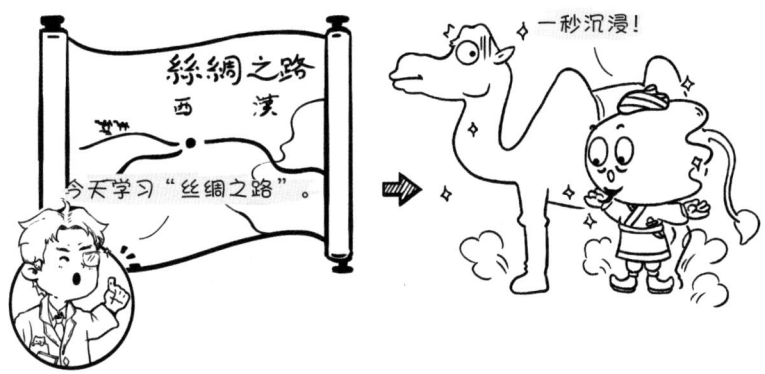

元宇宙也可以提供虚拟实验室，让学生在安全的环境下进行实验和操作，避免了潜在危险和实际成本。

元宇宙可以打破地理位置的限制,无论学生身处何地,都能访问到高质量的课程和学习资源。学生之间还可以分享经验和观点,促进互相学习和进步。

元宇宙提供了更具想象力的教育手段,为教育机构和教育者带来了新的挑战和机遇。

❹ 为文化和艺术领域带来新的机遇

艺术家可以利用元宇宙技术来展示作品,观众也因此获得了更加身临其境的艺术体验。

表演艺术家在 虚拟环境 中表演,观众则通过 VR 设备观看演出,享受身临其境的视听盛宴。

借助元宇宙技术,还能将珍贵的文化遗产进行数字化保存并呈现出来。

1998 年,故宫博物院启动数字博物馆建设。

除此之外,艺术家可以在虚拟环境中进行个人创作或是与其他艺术家共创作品。

3
元宇宙面临的困难和挑战

元宇宙构建的虚拟世界，既是现实世界的映射，又超脱于现实世界，它催生了社会关系的新形态，打破了虚拟现实的界限，给社会治理带来了新挑战。

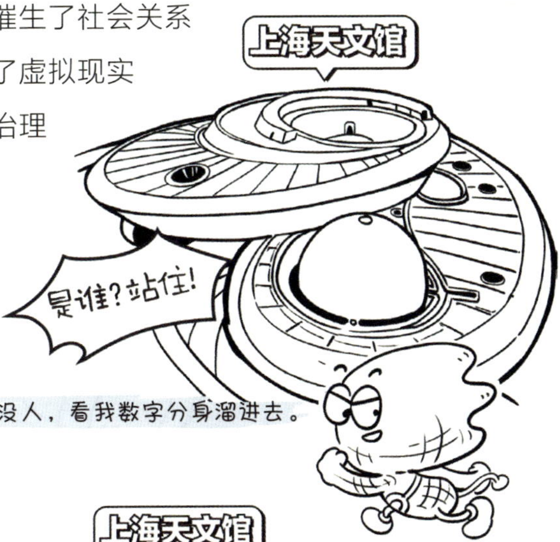

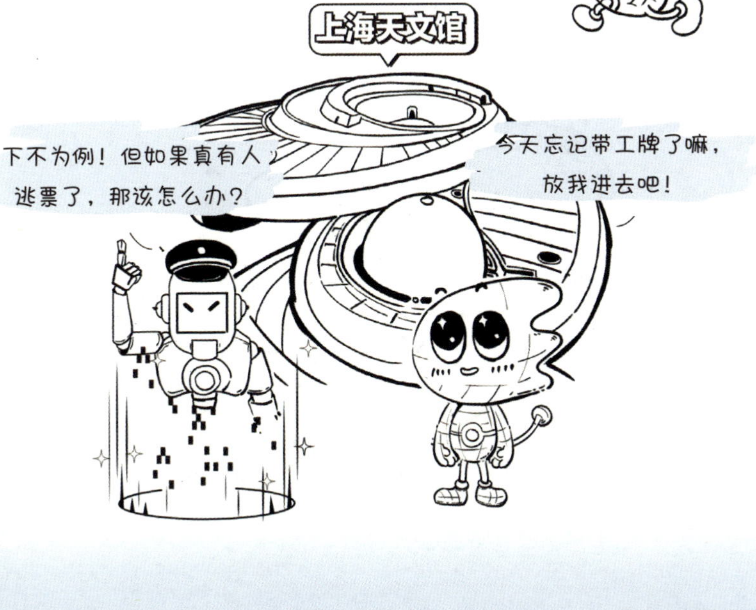

随着虚拟空间的外延和内涵不断深化，元宇宙也出现了许多瓶颈和局限性。

❶ 技术限制

元宇宙的发展方向是虚实融合，支撑元宇宙运转的技术尚未成熟，现实和虚拟世界还不能顺畅地交互，大规模的虚拟现实环境还无法实现。

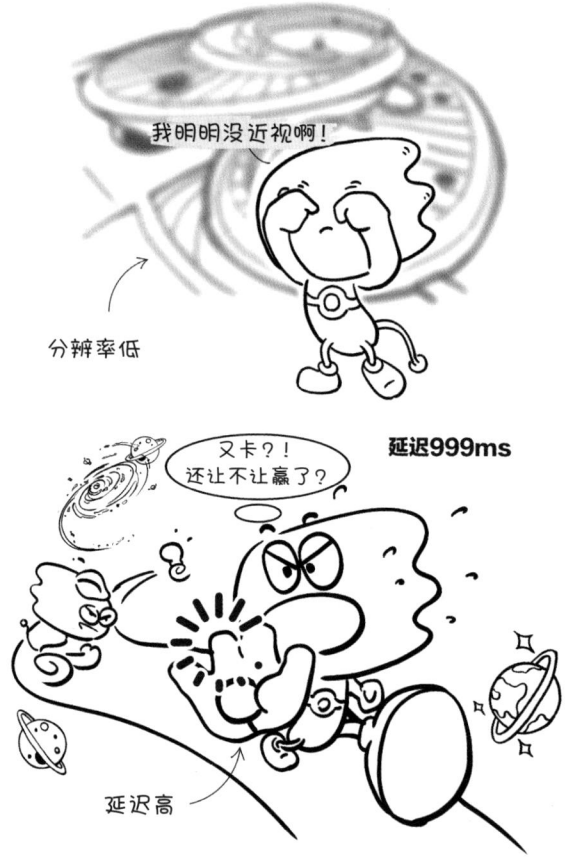

❷ 隐私和安全问题

元宇宙涉及大量的个人信息和隐私，一旦泄露或者受到攻击，将会给用户带来极大的损失。

嘿嘿嘿，换个宇宙继续偷！

❸ 社会影响和道德问题

随着元宇宙的普及，沉浸感带来的虚拟暴力、沉迷等负面影响会愈发凸显。

元宇宙的健康发展有赖于公众教育和引导。

❹ 监管和法律问题

随着元宇宙的发展，相关的法律和监管机制也需要及时跟进和完善。

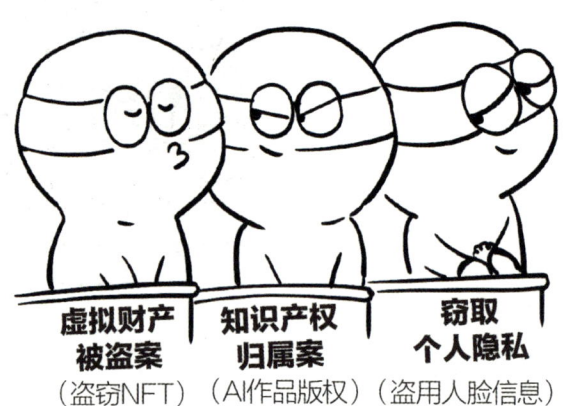

4 畅想元宇宙的未来

脱离了现实世界的虚拟世界并不是我们的终极目标,目前的技术确实能让我们更接近虚拟世界,但未来的元宇宙更可能是虚实结合下的专业化应用,能为现实中各行各业赋能。

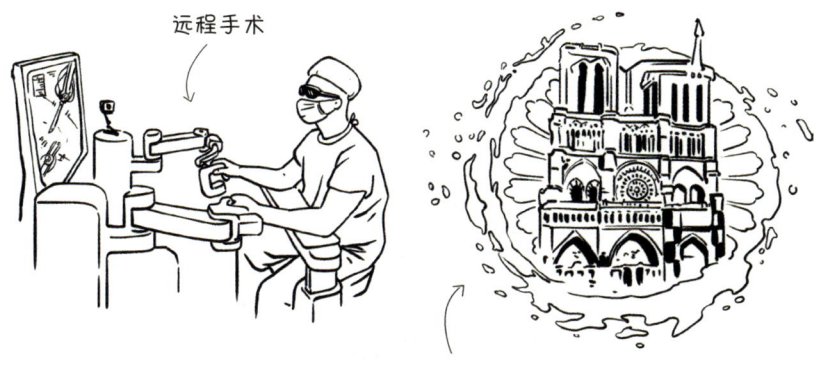

远程手术

模拟修复建筑

未来,元宇宙将演变得更有沉浸感,更有社交性,更为开放,并且内容可持续自生长,最终会与我们的生活紧密结合在一起。

❶ 沉浸感

未来的元宇宙将提供更加真实和沉浸式的体验,让用户感觉自己置身于一个虚拟的世界之中。未来的元宇宙可以通过各种技术手段来增强沉浸感。

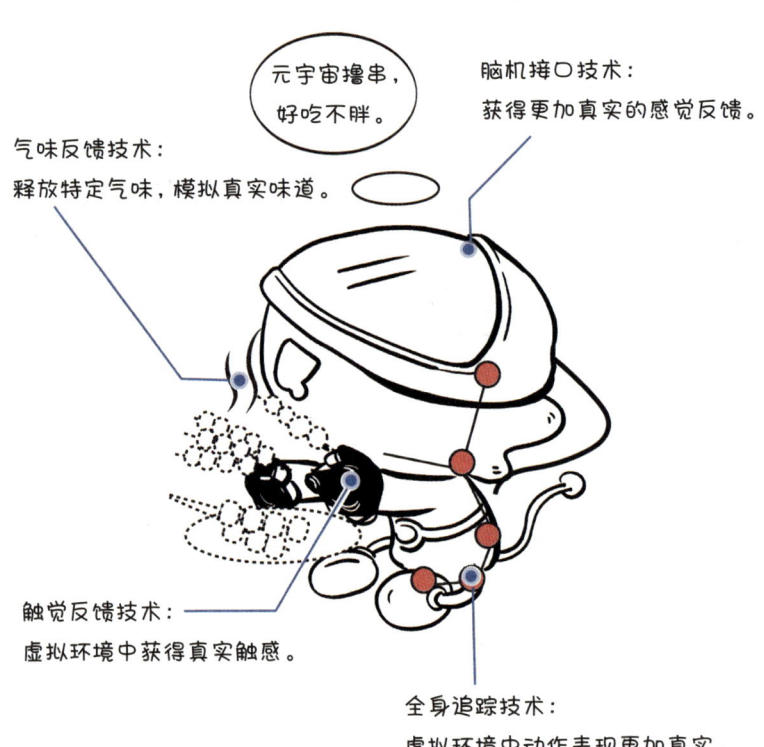

❷ 社交性

未来的元宇宙提供一种全新的社交方式,让人们可以在虚拟空间中进行互动和交流,更容易结识新朋友、分享经验和协作。

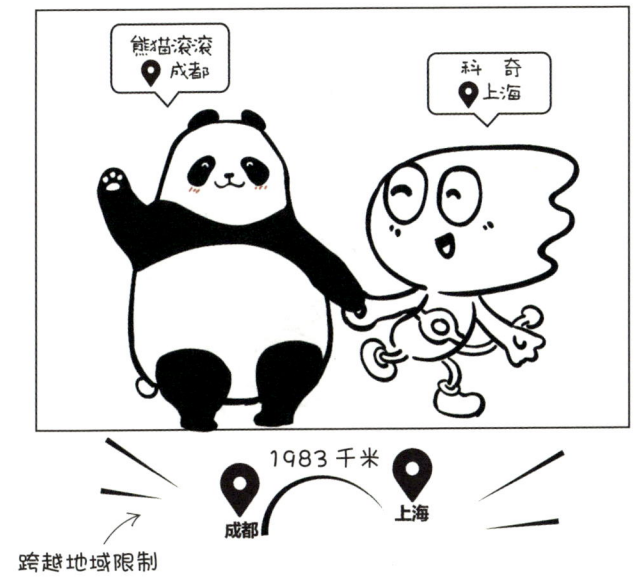

❸ 开放性

借助区块链技术,未来的元宇宙将更为开放,用户在元宇宙中拥有自己的数字身份和虚拟财产,并可以进行交易和投资。

❹ 自生长

未来,元宇宙的内容可以依靠人工智能技术自动生成,同时也鼓励用户自己创作内容。

UGC,即用户原创内容。

随着技术的进步，未来的元宇宙可能会使用人工智能等技术来自主学习和演化，从而不断扩展和改变其内容和功能。

得益于区块链游戏的发展，游戏中的角色和道具可以在不同的游戏之间自由流通，形成自己的经济体系。

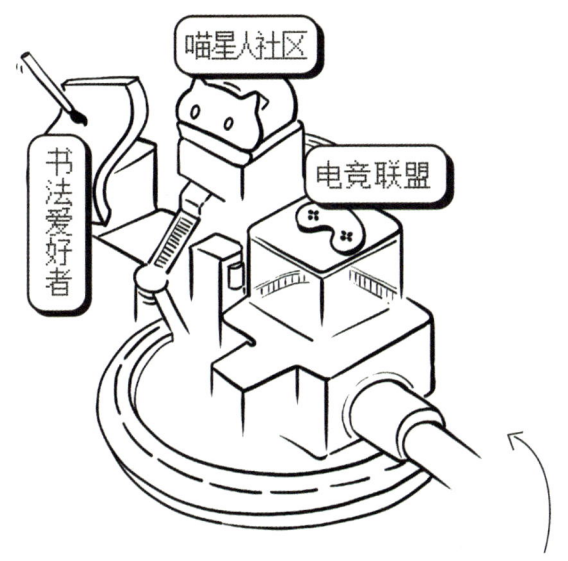

虚拟现实技术的发展，让用户可以创造自己的虚拟世界、设计角色和环境，甚至可以组建自己的社区。

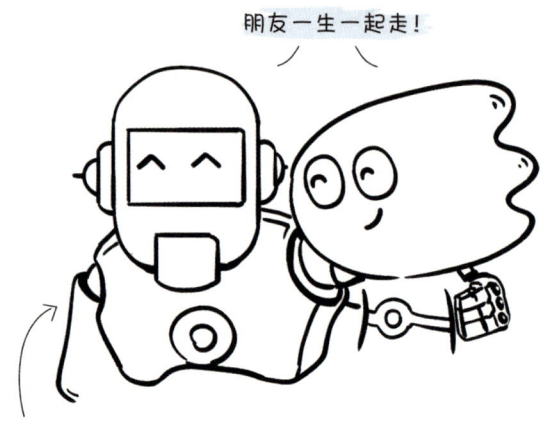

人工智能技术的发展,让虚拟角色可以自主学习、自我进化,甚至拥有情感和思维能力。

元宇宙的发展并不是一个一蹴而就的工程,它被称为下一代互联网,即互联网 3.0 版。科技的脚步不会就此停歇,元宇宙还在不断发展、演变,你对元宇宙有哪些期待呢?

图书在版编目（CIP）数据

元宇宙那些事儿/王俊卿，胡玺丹主编；卓京鸿，谢晓敏著. —上海：上海科技教育出版社，2024.5
（漫画新科技）
ISBN 978-7-5428-8051-2

Ⅰ.①元… Ⅱ.①王… ②胡… ③卓… ④谢… Ⅲ.①信息经济–少儿读物 Ⅳ.①F49-49

中国国家版本馆CIP数据核字（2023）第243812号

漫画新科技
元宇宙那些事儿

总 顾 问　倪闽景
主　　编　王俊卿　胡玺丹
作　　者　卓京鸿　谢晓敏
内容策划　赵　猛　付　康　丁仲丽　王梦天　季钰翔
科学顾问　吴梦玥　钱俊烨　蒋俊英　金云水　沈春锋　王天威
责任编辑　郑丁葳
装帧设计　杨　静

出版发行　上海科技教育出版社有限公司
　　　　　（上海市闵行区号景路159弄A座8楼　邮政编码201101）
网　　址　www.sste.com　www.ewen.co
经　　销　各地新华书店
印　　刷　上海盛通时代印刷有限公司
开　　本　890×1240　1/32
印　　张　9
版　　次　2024年5月第1版
印　　次　2024年5月第1次印刷
书　　号　ISBN 978-7-5428-8051-2/N·1205
定　　价　68.00元